PARA NÃO PERDER O SEU CRACHÁ

PARA NÃO PERDER O SEU CRACHÁ

Danielle Sarraf

PREPARE-SE PARA SOBREVIVER À CRISE

EDITADO POR HAMILTON DOS SANTOS

HarperCollins *Brasil*
Rio de Janeiro, 2016

Rua Nova Jerusalém, 345 – Bonsucesso – 21042-235
Rio de Janeiro – RJ – Brasil
Tel.: (21) 3882-8200 – Fax: (21)3882-8212/8313

CIP-Brasil. Catalogação na fonte
Sindicato Nacional dos Editores de Livros, RJ

S258c Sarraf, Danielle.
Para não perder o seu crachá : prepare-se para sobreviver à crise / Danielle Sarraf. - 1. ed. - Rio de Janeiro: HarperCollins Brasil, 2016.
168 p.

Inclui bibliografia
ISBN 978.85.69809.44-9

1. Trabalho. 2. Mercado de trabalho. 3. Pessoal - Treinamento. 4. Recursos humanos. I. Título.

CDD 331.702
CDU 331.548

Sem as pressões da realidade, por que (os líderes) fariam sacrifícios e mudariam sua maneira de fazer negócios? A capacidade do líder de aceitar a dura realidade das perdas envia uma mensagem clara sobre sua coragem e empenho para levar avante o desafio adaptativo.

(*Liderança no fio da navalha*, Ronald A . Heifetz e Marty Linsky)

Pressure pushing down on me
Pressing down on you no man ask for
Under pressure
That burns a building down
Splits a family in two
Puts people on streets

(*Under pressure*, David Bowie e Queen)

SUMÁRIO

INTRODUÇÃO

Ao longo da minha carreira executiva em Recursos Humanos, sempre me chamou a atenção certo comportamento hesitante das lideranças empresariais em tempos de tempestade. Em contraste, em tempos de calmaria e prosperidade, sempre acompanhei um comportamento excessivamente festivo e até meio irresponsável. Vejo esses extremos como traços bem peculiares da administração brasileira.

Atuando em RH durante todos esses anos, não foram poucos os momentos em que, com intensidade e desprendimento, interagi com líderes e gestores desestabilizadores e incertos. Eles apresentavam comportamentos marcados pelo alto potencial de gerar ainda mais pressão no ambiente, impactando negativamente os negócios. Esse problema sempre despertou o meu interesse, alavancando reflexões que, aos poucos, ao longo das experiências, foram tomando a forma de verdadeiras convicções.

Este livro é, assim, resultado direto do meu envolvimento apaixonado e, ao mesmo tempo, crítico com as práticas convencionais de liderança e de gestão de pessoas. E, desde logo, é preciso dizer: paixão e senso crítico não são — e jamais devem ser — instâncias contraditórias. Ao contrário, o equilíbrio entre essas coisas é justamente o que rege a boa administração; em especial, a boa gestão de pessoas.

Por um lado, devo esclarecer que não apresento aqui uma tese ou uma dissertação acerca das mazelas da administração brasileira. Esta reunião de ensaios tem um alcance modesto, ainda que muitíssimo proveitoso, girando em torno de uma questão bem definida: como enfrentar os desafios que caracterizam a alta pressão dentro das organizações?

Por outro lado, devo esclarecer que não reduzo as minhas reflexões a um receituário de autoajuda para os profissionais de desenvolvimento organizacional. Nada contra os receituários, mas penso que sempre funciona melhor o uso mínimo do famigerado *by the book*. Em outras palavras, acredito que os ensaios aqui apresentados têm um alcance maior do que o dos simples receituários.

Assim, o livro — que tem como fio condutor o tema pressão — busca uma boa medida, o meio termo. Nele, a minha tática é a de evitar tanto o elevado teor das teses superelaboradas quanto o simplismo dos receituários ou guias, substituindo-os por reflexões mais exploratórias e experimentais, fundamentadas em situações reais.

Tais reflexões têm o seu berço na difícil e complexa arte de ouvir as pessoas, algo que o tempo todo procuro fazer. Ouvi-las para valer. Ouvi-las de verdade. Sem segundas intenções. Sem truques. Ouvi-las com boa-fé. Trata-se de um tipo de envolvimento que não pode encontrar o seu motivo senão numa coisa muito efetiva: ao ouvir as pessoas, procurando entender as suas reais dificuldades, passamos a compreender todo o cenário de alta pressão que nos envolve. E devemos estar certos de que a melhor solução é quase sempre única, isto é, vem de dentro do processo e raramente das páginas de um manual.

Mas, afinal de contas, qual o sentido e a utilidade de refletirmos sobre a pressão nos dias atuais?

A razão óbvia é o fato de que a pressão no mundo dos negócios não só está aumentando considerável e consistentemente como também está virando *default*, ou seja, transformando-se num padrão. Não há a menor sinalização de que essa tendência possa se reverter. E, além de se tratar de uma tendência generalizada, podemos observar que certos setores estão sofrendo mais com ela. Por exemplo, na indústria da comunicação, os ponteiros do manômetro estão atingindo picos quase letais, mexendo com os nervos de suas lideranças, deixando-as literalmente assombradas.

Tudo isso ocorre devido a uma disrupção estrutural nos modelos tradicionais de negócio. Na indústria em geral, essa disrupção se dá principalmente pela imposição das novas agendas do século XXI, tais como as contínuas mudanças tecnológicas, os novos modos de vida e trabalho, novos padrões de sustentabilidade e prosperidade e novos marcos regulatórios, sem falar dos novos conceitos de bem-estar, felicidade e reputação.

Não mapeio nesses ensaios as causas mais profundas da infernal pressão que pesa sobre os ombros de líderes e gestores nas organizações e instituições contemporâneas. Na verdade, reflito sobre os caminhos práticos e pontuais que cada líder ou gestor pode trilhar, o que implica, antes de qualquer coisa, enxergar com clareza onde estão as falhas nos momentos em que agir sob pressão se torna uma realidade.

Por que enfatizar as decisões práticas e pontuais que cada líder ou gestor deve tomar? Gosto de recorrer à metáfora da despressurização de cabine. Qualquer aeromoça traz esta instrução enfática e muito clara: coloque a máscara de oxigênio primeiramente em você, só depois tente ajudar quem estiver ao seu lado. A ênfase do aviso tem uma razão de ser: se algum passageiro tiver crianças ao seu lado, é imperativo que ele coloque a máscara primeiramente nele mesmo para ganhar condições respiratórias adequadas e poder ajudar as crianças com precisão. É preciso, portanto, que ele refreie as emoções com uma providencial dose de razão.

Essa advertência também é válida para o atual cenário de altíssima pressão no mundo dos negócios. No ambiente corporativo, a busca obsessiva pela inovação e a competição cada vez mais feroz têm deixado profissionais de todos os níveis hierárquicos literalmente sem ar. E com um agravante: dentro das empresas, as máscaras de oxigênio não caem automaticamente.

Se na cabine do avião despressurizado cobramos dos adultos o discernimento de colocarem as máscaras primeiramente em si mesmos, no ambiente corporativo, a cobrança deve ser dirigida aos líderes e gestores: se eles não estiverem respirando adequadamente, nada poderão fazer pelos liderados e, no final do dia, o que acabará asfixiado será o negócio inteiro.

Infelizmente, o problema não tem sido visto de maneira adequada dentro das empresas. Com as turbulências cada vez maiores, tanto em função da macroeconomia quanto em função das rapidíssimas transformações setoriais, tecnológicas e comportamentais, os líderes e gestores mal estão conseguindo perceber que a cabine se despressurizou, e que precisam colocar imediatamente as suas máscaras — que as máscaras, enfim, devem ser colocadas em todos. Ao não levar isso em consideração, estão simplesmente entrando em pânico e perdendo o controle. E se a falta de oxigênio não lhes tira também a voz, cometem por vezes o erro de atribuir ao outro (chefes, pares, subordinados) a culpa pelo desequilíbrio do ambiente, o fracasso dos processos e dos resultados. Ou, às vezes, colocam tudo na conta de uma entidade transcendente. Quantas vezes ouvimos pelos corredores "porque essa empresa isso, essa empresa aquilo!"? Agem assim sem se darem conta de que tal "empresa", essa entidade, na maioria das vezes tem carne e osso: ela poderia ser facilmente nomeada, não fosse a tendência das pessoas de se apoiarem em âncoras metafísicas.

Seja como for, o fato é que, na hora do pânico, a saída mais fácil e providencial para todos, líderes e liderados, gestores e subordinados, é chamar o RH ("chamar" hoje em dia significa muitas vezes passar um WhatsApp frenético ou enviar um torpedo), com a vã esperança de que de lá virão as máscaras de oxigênio.

Mas será mesmo do RH o papel de guardião dessas máscaras? Não acredito que exista uma resposta simples para essa pergunta. Ela sempre exigirá considerações amplas e complexas. No entanto, desde já posso pensar no seguinte: o RH é a encarnação da liderança, a personificação do conceito de liderança. Isso me leva a descrever e discutir neste livro o modo como o RH, em aliança com líderes e gestores, pode operar diante dos desafios que hoje se impõem.

A pressão é remédio ou veneno? Ela é sempre real ou, por vezes, imaginária? O que dispara a pressão? Como devemos enfrentá-la? Eis algumas das perguntas que circulam neste livro. Busco respostas propositivas e otimistas para elas, não sem destacar que é preciso abandonarmos qualquer tendência à vitimização, aquela mania de dizermos "não tem jeito, a pressão estrangula todos nós". Pois acredito que, a despeito da alta pressão que nos envolve, é plenamente possível conquistarmos uma realidade produtiva, autêntica e humanizada. É possível, por exemplo, fomentarmos e mantermos a pressão em níveis saudáveis (pressão controlada) tanto para o desenvolvimento das pessoas quanto para o crescimento dos negócios. Falo bastante aqui sobre essas coisas. Espero que os leitores mergulhem nelas comigo.

Por fim, vale explicar uma pequena peculiaridade de linguagem que aparece neste livro. Os leitores encontrarão aqui diversas palavras e expressões em inglês; elas aparecem, quase sempre, sem a polidez do itálico ou das aspas. É que, no mundo corporativo, já estamos razoavelmente familiarizados e até mesmo escravizados por anglicismos. No ambiente de trabalho, seja nas reuniões superformais, seja nas simples conversações dos corredores, fazemos uso constante de termos em língua inglesa.

Isso nos leva a considerar que a origem de muitas teorias sobre as organizações contemporâneas está no estrangeiro, transitando muitas vezes em livros de autores norte-americanos e europeus. Mas devo confessar que eu não sou muito fã desse idioma corporativo. Aliás, quando penso nesses estrangeirismos que dominam o nosso vocabulário cotidiano, sempre me vem à cabeça a música "Samba do *approach*", do Zeca Baleiro, que tece um saboroso e brasileiríssimo jogo com as palavras estrangeiras:

> Venha provar meu *brunch*
> Saiba que eu tenho *approach*
> Na hora do *lunch*
> Eu ando de *ferryboat*...

1
SISTEMAS DE PRESSÃO

Para enfrentarmos um problema, precisamos nos assegurar que ele realmente existe. Afinal, muitas coisas que apresentamos como problemas não passam de falácias. É possível imaginar, num pequeno exemplo, um caso de perda de tempo com falsos problemas. Suponhamos que alguém crie um projeto sensacional para elevar substancialmente os indicadores de felicidade dos funcionários de uma empresa, objetivando um aumento de seus níveis de produtividade. É um projeto lindo. O CEO talvez fique encantado com ele. A imprensa especializada talvez o ache o máximo. Ocorre, no entanto, que tal empresa já é reconhecida globalmente por operar com os picos máximos de produtividade em seu setor, além do fato de não haver indícios de que a sua atual população de empregados esteja, no atacado, infeliz. Esse é um caso de problema inexistente, um típico caso de solução em busca de um problema.

Somente com a certeza de que um problema existe de fato, podemos dar o passo seguinte: tentar conhecer muito bem a sua natureza. Devemos, antes de qualquer coisa, dar nome a ele, dimensioná-lo, identificá-lo claramente, procurando entendê-lo em todas as suas perspectivas ou ângulos. Sem dúvida, isso implica quase sempre um trabalho árduo, uma dedicação que não se limite aos lugares comuns da reflexão, tampouco se resolva em afirmações desgastadas, aquelas que não conseguem dar vazão aos principais entraves que o próprio problema impõe. Em outras palavras, a realidade de um problema exige uma série de considerações por parte daquele que pretende enfrentá-lo.

É nesse sentido que o problema proposto neste livro — ou seja, o problema da dificuldade que temos para lidar com a pressão, tanto aquela que nos ameaça insidiosamente no ambiente de trabalho quanto aquela que faz da nossa vida pessoal um sofrimento contínuo — precisa ser cercado por todos os lados, inclusive a partir dos diversos sistemas que lhe dão consistência teórica. Como uma espécie de etimologista, precisamos escrutinar, fazer uma sabatina, buscar até mesmo a raiz grega ou latina da palavra que nomeia o nosso problema, ainda que nunca tenhamos a pomposa pretensão de esgotá-lo ou abarcá-lo totalmente nestas linhas.

Se o nosso problema é pressão, podemos presumir desde já que ele se trata de algo bastante complexo, composto por múltiplas faces. Ele se insere num leque muito amplo de circunstâncias ou situações, envolvendo muitas vezes a própria condição existencial do ser humano: pressão da civilização, das guerras, da pobreza, do terrorismo, dos impostos, da infância, da velhice, da solidão, da morte, do trânsito nas grandes cidades, do amor não correspondido, da carreira profissional, dos novos modelos de negócio, dos mercados futuros, dos prazos a serem cumpridos etc. Há uma infinidade de formas de pressão. Todas elas impõem certos níveis de dificuldade, grandes ou pequenos, constantes ou episódicos, mas sempre constituindo verdadeiros desafios.

A palavra pressão vem de uma forma latina cuja raiz é *pressio* e a terminação, *onis*, ou seja, *pressionis*. É um substantivo feminino que, *lato sensu*, significa: ato ou efeito de apertar, pressionar, comprimir. Essa palavra apareceu no final do século XIV com o significado de "sofrimento, angústia, ato ou gesto de fustigar o coração ou a mente". No francês arcaico — *presseure* — o termo associava-se a expressões como "opressão" e "tortura". Um significado literal se fixou no começo do século XV: ato ou gesto de pressionar. E no final do mesmo século, a palavra ganhou o significado de "força coercitiva mental e moral". Depois, em meados do século XVIII, o termo incorporou ainda o sentido de "urgência".

Na física, o termo surge por volta de 1650. Em linhas gerais, pressão (símbolo *P*) é a relação entre uma determinada força e sua área de distribuição. Além disso, o termo também é usado em diversas áreas da ciência como uma grandeza escalar que mede a ação de uma ou mais forças sobre um determinado espaço, podendo este espaço ser líquido, gasoso ou sólido.

Na medicina, ao associar-se ao adjetivo "arterial", o substantivo "pressão" tornou-se o grande marcador do estado geral da nossa saúde. A pressão arterial consiste na força que é feita pelo sangue nas paredes dos nossos vasos sanguíneos, graças à função do coração. Fulano tem pressão alta (hipertensão). Beltrano tem pressão baixa (hipotensão). Isso quer dizer que nenhum deles está com saúde excelente. O coração é o centro do sistema da pressão arterial, que é medida em dois tipos: sistólica e diastólica. A primeira, denominada pressão arterial máxima, é correspondente ao valor medido no momento em que o ventrículo esquerdo bombeia uma quantidade de sangue para a aorta. Este valor pode variar entre 120 e 140mmHg, sendo estes os marcadores mais comuns para que se tenha a pressão dentro dos valores considerados normais. A segunda, denominada pressão arterial mínima, é correspondente ao momento em que o ventrículo esquerdo volta a se encher para retomar todo o processo da circulação. Este valor geralmente está dentro da média dos 80mmHg. Por isso, quando medimos a nossa pressão, simplificamos esses números dizendo doze por oito (pressão boa).

Complicado? Sim, um pouco — principalmente quando não temos alguma intimidade com a área física ou médica. Todavia, para o nosso propósito, o importante é chegarmos a uma constatação bem simples: a pressão é uma propriedade intrínseca a muitos sistemas. No mundo natural, físico ou químico, ela pode ser quantificada, enfrentada e debelada com fórmulas prontas muito eficientes. Existem, aliás, muitos instrumentos que quantificam a pressão num sistema. Para mensurarmos a pressão de líquidos e gases, existe o manômetro. Para determinarmos a pressão atmosférica, altitudes e prováveis mudanças do tempo, existe o barômetro. Para medirmos a pressão arterial, existe o esfigmomanômetro, aquela bolsa de borracha inflável que é envolvida em um dos nossos braços, apertando-o. É bom lembrar que, nos hospitais, quantificar a pressão do paciente costuma ser o passo inaugural de qualquer procedimento médico.

O que julgo esclarecedor, inspirador e até belo é o modo como a ciência e a ação humana podem alterar, para o bem ou para o mal, as condições de pressão, interferindo em seus sistemas. Tomemos como exemplo o caso das panelas de pressão. Ao colocarmos uma porção de feijão para cozinhar, o vapor da água, provocado pela força do fogo na base da panela, faz com que aumente significativamente a pressão interior. Isso provoca uma alteração no ponto de ebulição, que passa a ferver acima dos cem graus Celsius. Agiliza-se, assim, o processo de cozimento dos grãos, que seria muitíssimo lento se não houvesse tal artifício. Todos sabem, contudo, que panelas de pressão são sempre perigosas: um simples vazamento por uma fenda pode causar uma indesejável explosão.

Outro exemplo interessante para o nosso estudo é o dos aviões. Só voamos pra lá e pra cá ao redor do mundo devido à nossa incrível capacidade de domesticar a pressão. Sabemos que quanto mais alto estamos, maior é a diferença de pressão e temperatura dentro da aeronave. Quanto mais distantes do chão, menor a pressão do ar. Para se ter uma ideia, ao nível do mar, a pressão é de um quilograma-força por centímetro quadrado. Quando estamos em dez ou doze mil metros de altura, a pressão é de apenas um quarto disso. O problema é que o nosso corpo está preparado para funcionar bem somente de acordo com a pressão verificada próxima do chão. Se formos expostos a pressões muito diferentes deste um quilograma-força por centímetro quadrado, não aguentamos, morremos.

A pressão ambiente sempre interfere em nosso sistema interno de pressão, especialmente sobre o sistema de pressão arterial. Por essa razão, os aviões são pressurizados artificialmente, dentro da cabine. Graças a engenhosos dispositivos mecânicos, eletrônicos e computacionais, a pressão fica muito parecida com aquela ao nível do mar, possibilitando um voo com segurança e conforto. Basta, porém, uma leve despressurização para que toda a segurança e conforto desapareçam, cedendo lugar ao pânico dos passageiros.

Quando isso acontece, não estamos necessariamente no fim da linha: ainda podemos continuar respirando por quinze ou vinte minutos, tempo suficiente para um pouso forçado. Mas, para que tudo dê certo, cabe a cada passageiro fazer o uso correto da máscara que cai automaticamente à sua frente.

2
REMÉDIO E VENENO

Se, nas ciências, a pressão pode ser quantificada, mensurada, alterada e equilibrada, o mesmo não acontece — ao menos, não com facilidade — no âmbito moral. Em sentido figurativo, isto é, no âmbito da moral, dos costumes e da psicologia, pressão significa, mais propriamente, exercer uma influência coercitiva, um constrangimento, uma coação; significa, em bom português, forçar ou obrigar alguém a fazer alguma coisa. Este alguém pode ser uma pessoa do nosso convívio pessoal (no ambiente profissional, social ou familiar), mas também pode ser o próprio indivíduo colocando pressão sobre si mesmo. "Preciso emagrecer." "Preciso fazer trabalho voluntário." "Preciso entregar o relatório que o chefe pediu." "Preciso fazer um doutorado." "Ano que vem vou começar a fazer spinning." Na verdade, colocamos sempre muita pressão sobre nós mesmos.

É verdade que, como nas ciências, onde se criam instrumentos de medição e manipulação da pressão, a sociedade se vale de mecanismos diversos. Ela utiliza metodologias de coerção e intimidação, o que lhe permite avançar ou regredir política, social e economicamente, assim como utiliza metodologias legítimas — e algumas vezes ilegítimas — de medição. No mundo do trabalho, mais especificamente na minha área de atuação, o RH, o instrumento mais usado para medir a pressão ambiente é a chamada Pesquisa de Clima ou Monitoramento de Clima.

O sentido figurativo da pressão carrega, sem dúvida, o lado mais efetivo do problema. A pressão é, de certa forma, uma companheira de jornada da humanidade. Toda a nossa história social, política e cultural — na verdade, toda a nossa vida mental — teve e tem na pressão uma baliza segura. Movimentos sociais bem articulados são capazes de levar o Estado e o governo para esta ou aquela direção. Um boicote bem feito pode levar um setor inteiro a reduzir os preços de seus produtos.

Aplausos insistentes e estridentes, misturados com assobios e gritos histéricos, podem reconduzir a diva ao palco, promovendo um bis inesperado. A torcida de um time sabe muito bem o que fazer para levar o adversário à condição de amarelar; inclua-se nisso gestos ilegais e atitudes perigosas que visam pressionar tanto o adversário quanto o próprio time, dentro e fora do campo: bombas, spray de pimenta, feixes de laser nos olhos etc.

Na esfera subjetiva, isto é, na vida mental dos indivíduos, a pressão é enfrentada desde a mais tenra idade, ainda no seio da família; depois, na escola; enfim, no trabalho. Ser educado é, de certa forma, ceder à pressão dos outros para fazer algumas coisas e deixar de fazer outras. Na família, há o jogo das advertências: faça isso, não faça aquilo. Na escola, o bullying é a pior das pressões. No trabalho, a pressão na medida certa se converte facilmente em best practices de gestão de pessoas; na medida errada, porém, ela pode resultar num processo trabalhista por assédio moral.

Responder adequadamente à pressão é o que nos qualifica como indivíduos aptos ao convívio social. Saber lidar muito bem com ela é o que pode nos diferenciar. “Você nunca será a pessoa que você pode ser se tirarem da sua vida a pressão, a disciplina e a tensão”, disse certa vez o abolicionista norte-americano James G. Bilkey (1792–1857). Há uma crença generalizada de que suportar a pressão é o que nos torna mais aptos ao sucesso. "Tenho sorte, claro, mas só depois de horas e horas de treino e devido à habilidade de pensar sob pressão", costumava dizer a jogadora de basquete e golfista Babe Didrikson Zaharias (1911–1956).

Na verdade, saber suportar a pressão, em quaisquer circunstâncias, transformou-se numa das mais alentadas virtudes humanas. Em todos os setores da vida e em todos os tempos da história, aquele que sabe suportar a pressão física e mental ganha certo status de herói. O presidente norte-americano John Kennedy gostava de dizer: "Coragem é manter a classe mesmo sob pressão." Outro norte-americano, o escritor Ernest Hemingway, dizia: "Coragem é graça sob pressão." Um de seus mais importantes personagens, o protagonista do romance *O velho e o mar*,[*] o pescador Santiago, representa exatamente esse estado de graça: mais do que suportar por anos a fio a pressão da solidão, ele resiste inabalavelmente ao azar de não pegar um peixe por 84 dias — isso tudo sem perder a confiança e a fé na vida!

---

* HEMINGWAY, Ernest. *O velho e o mar.* São Paulo: Bertrand Brasil, 2005.

No mundo do trabalho, a pressão se transformou numa cultura. Por trás dessa cultura está a ideia de que sem pressão não há diamantes, como se costuma dizer. É que os diamantes surgem da compactação radical das moléculas de carbono que formam o carvão. Mais do que em outros setores da vida, é no mundo do trabalho que a questão da pressão se destaca, especialmente nos dias de hoje. Já se disse muitas vezes que, independentemente do setor de trabalho ou da área de atuação de uma empresa, está ocorrendo um consistente e significativo aumento dos níveis de pressão.

Por conta disso, não são poucos os relatos de profissionais que surtam no ambiente de trabalho, tomando por vezes atitudes radicais, não sem decisões prejudiciais para si próprios, para os outros e para as organizações. Deve-se dizer, porém, como parênteses, que tal surto no ambiente de trabalho não é necessariamente uma consequência da pressão no trabalho: muitas vezes, a pressão que levou ao surto tem sua origem na vida pessoal ou familiar; seus sintomas e consequências foram simplesmente levados para o escritório.

O aumento dos níveis de pressão no trabalho — que, na minha visão, tendem a subir cada vez mais devido às respostas que as organizações precisarão dar aos novos paradigmas de desenvolvimento e prosperidade econômica — tem gerado a necessidade de estudos e livros cada vez mais profundos sobre o assunto. Entre a profícua produção de estudos sobre o tema, muitos artigos, livros e e-books têm sido lançados pelo mercado editorial. Boa parte dessa produção, escrita por autores certamente bem-intencionados, dedica-se a buscar receitas do tipo "guia de sobrevivência para enfrentar a pressão no trabalho", o que, às vezes, só leva a soluções mágicas e ingênuas, pouco afeitas à real dimensão do problema.

Em geral, o ponto nevrálgico dos altos níveis de pressão nas organizações está ligado aos relacionamentos. Em seu livro *Sob pressão,*[*] Bruce Hoverd diz:

> Com base em minhas pesquisas e no meu trabalho com clientes, percebi que as dificuldades e a ansiedade associadas ao gerenciamento de certas relações "complicadas" caracterizam a maior fonte de pressão. Todos nós já tivemos superiores agressivos, colegas exigentes ou não cooperativos,

---

* HOVERD, Bruce. *Sob pressão*. São Paulo: Editora Gente, 2015.

funcionários que drenam nossa energia. Quando os encontros com essas pessoas são regularmente tensos, logo escolhemos as opções "fáceis": ceder, desistir ou cair fora. Se melhorarmos alguns desses relacionamentos e agirmos com mais rapidez, poderemos reduzir dramaticamente nossos níveis de pressão, ao mesmo tempo em que elevamos nossa satisfação com o trabalho e, em última análise, nosso desempenho.

É evidente, pois, que a pressão não é um privilégio de um nível hierárquico específico. Todos os profissionais, dos mais variados níveis, são democraticamente atacados por este vírus contemporâneo. Mas é no nível da liderança, onde se decide o futuro do negócio e de todos os funcionários, que a pressão é mais preocupante, apresentando feições muitas vezes excessivas, quase sempre desequilibradas.

Entre os autores que estudaram a pressão exclusivamente no nível da liderança, Ronald A. Heifetz e Marty Lindsky apresentam uma extraordinária abordagem em seu já famoso livro *Liderança no fio da navalha**. Heifetz e Lindsky

---

* HEIFETZ, Ronald A. e LINDSKY, Marty. *Liderança no fio da navalha*. São Paulo: Campus, 2002.

acreditam que o excesso de pressão entre os líderes tende a levar a organização à entropia e a desfigurar o negócio. Eles consideram o relacionamento interpessoal, ou melhor, o mau relacionamento interpessoal, o estopim para a elevação dos níveis de pressão, o que torna urgente a necessidade de se tentar manter o estresse em nível produtivo:

> Todos os relacionamentos sociais têm limites; portanto, um dos maiores desafios da liderança em qualquer comunidade ou organização é manter o estresse em nível produtivo. O gerenciamento do conflito (e da própria segurança do líder) exige que se monitore a tolerância do grupo ao calor.

Heifetz e Lindsky definem pressão como sendo o conjunto de riscos que ameaçam a liderança: conflitos hierárquicos, mudanças dos mercados, obstáculos tecnológicos e instabilidades psicológicas. Quando liberado no ambiente corporativo, esse conjunto resulta em tensão, estresse e ansiedade, elevando a temperatura a níveis perigosos, isto é, a níveis que resultam em improdutividade, que é o maior perigo para uma organização.

É verdade que a pressão em níveis elevados libera adrenalina, e isso, de certo modo, confere à ação cotidiana da liderança certo prazer. Tomar decisões sob pressão faz parte de um jogo excitante, o que explica haver entre os líderes certo culto à pressão, à alta temperatura que ela proporciona. Contudo, esse jogo pode facilmente fugir do controle se a temperatura gerada pela pressão for muito alta: o calor excessivo pode provocar o derretimento de tudo o que foi tão duramente construído, além de impedir a solidificação de novas construções.

Sabemos que a tendência natural do ser humano é buscar a ordem e a calma, o que também não deixa de ser algo perigoso: o ambiente pode ser contaminado pelo marasmo inútil ou por uma calmaria que acaba imobilizando as ações. O ideal, portanto, é manter os níveis de pressão sob controle, isto é, pressão não demasiadamente elevada nem eliminada por completo. De forma equilibrada, ela funcionará como uma espécie de remédio, dinamizando ou vitalizando as ações. É o ponto de equilíbrio que Heifetz e Lindsky chamam de "faixa de tensão produtiva":

> Qualquer comunidade suporta até certo nível de pressão antes de imobilizar-se ou fugir ao contro-

le. Assim, o calor deve manter-se dentro de determinados limites toleráveis — nem tão alto que anseie por uma completa eliminação, nem tão baixo que induza à inação. Chamamos isso de amplitude da faixa de tensão produtiva.

Em nossa vida mental, níveis inadequados de pressão comprometem a nossa sanidade. Quando eu disse acima que a pressão é um vírus, não estava fazendo uso de uma metáfora vazia. Pressão em níveis muito elevados pode causar doenças, corroer a saúde. "Nada na minha cabeça fazia sentido. Nenhum texto era compreensível. Os pensamentos não fechavam, e uma pressão insuportável dava a nítida sensação de que o peito ia explodir. Fiquei completamente desnorteado e achei melhor me refugiar no meu camarim e esperar socorro médico", declarou o conhecido jornalista Ricardo Boechat, tornando público um surto que o acometeu em meados de agosto de 2015. Ele estava sob os efeitos de um forte estresse, causado pelas pressões impostas pelo acúmulo de atividades no rádio e na TV, além de projetos da empresa em que trabalha e de sua agenda de pessoa pública.

Pode-se dizer que, no âmbito da nossa vida mental, a pressão em níveis muito elevados funciona como uma espécie de veneno, destruindo, aos poucos ou de uma vez só, toda a nossa capacidade de viver bem, trabalhar, criar ou produzir. No entanto, o filósofo Friedrich Nietzsche tinha uma ideia diferente. Ele sugeria que não devemos temer ou evitar a pressão. Para ele, não se pode conquistar grandes coisas sem uma forte dose de tormenta. No livro *Ecce Homo**, ele diz:

> A pior doença dos homens tem origem no modo como eles vêm combatendo a sua doença através dos tempos. O que parecia ser a cura tem, em longo prazo, produzido algo pior do que a própria doença que estava sendo combatida. Os remédios que funcionam imediatamente, anestesiando e intoxicando, as chamadas consolações, foram ignorantemente considerados cura. O que não se nota é que esses alívios instantâneos normalmente cobram um preço enorme do doente, qual seja, o agravamento da doença.

Nietzsche acreditava de fato que a pressão é a fonte da grandeza humana, que para chegar a essas grandezas devemos suportá-la conscien-

---

* NIETZSCHE, Friedrich. *Ecce Homo*. São Paulo: Companhia das Letras, 2008.

temente, sem negar a dor que ela envolve. Mas como devemos nos preparar para suportar essa dor da pressão? O filósofo aconselhava a experiência de subir uma montanha, a mais alta que pudermos, na qual é "preciso se aclimatar ao ar rarefeito e frio das alturas", para então nos fortalecermos. Ele recomendava que enfrentássemos e cultivássemos as adversidades e tivéssemos consciência da dor, considerando-a uma etapa fundamental do processo de superação dos efeitos devastadores que a pressão nos causa física e mentalmente.

Esse filósofo faz questão de lembrar que o corpo humano é preparado para viver em condições normais de pressão, mas que, ao mesmo tempo, é um corpo competente para se adaptar aos extremos de altitude e profundidade. Sabemos muito bem que experimentar extremos de altitude e profundidade significa viver perigosamente: colocamo-nos à mercê de regiões com pouco ou quase nenhum oxigênio. De fato, isso até poderia ser uma boa tática adaptativa, desde que, na experiência ou no processo, almejando bons resultados, não apenas no mundo do trabalho, mas também na vida pessoal, pudéssemos exercê-la com segurança, certos de que, na hora H, haveria máscaras de oxigênio para todos nós.

3
A PRESSÃO IMAGINÁRIA

Muitas crianças experimentam a companhia de um amigo imaginário em algum momento da infância. A boa psicologia nos informa que essa fantasia nada mais é do que uma forma de lidar com a realidade. Quando adultos, temos a tendência de desenvolver alguns dos padrões de comportamento que tínhamos quando éramos crianças. Apelar então para o imaginário é sempre uma saída possível.

Diferentemente do que acontece na infância, os elementos da fantasia adulta podem não ser amigáveis, constituindo-se como verdadeiros inimigos. Com efeito, eles podem contribuir para atrapalhar decisivamente o desenvolvimento profissional e o autocontrole. Estamos falando aqui da "pressão imaginária".

Pode ser que esse termo cause um pouco de estranhamento em alguns, mas certamente a sensação é familiar a todos nós. Quem nunca experimentou uma reação destemperada e nervosa diante da cobrança de prazos cada vez mais curtos, clientes cada vez mais exigentes, recursos cada vez mais escassos? E, diante do desafio de conseguir fazer diferença num mercado e numa economia crescentemente saturados, quem nunca se viu como um Dom Quixote, lutando contra moinhos de vento?

Há em nós um mecanismo que tende a nos fazer exagerar a real pressão que está presente nesses cenários. Temos a certeza de que estamos sendo cobrados num grau elevado, quando, às vezes, a coisa é mais branda. Nesse caso, a pressão imaginária aparece com características poderosas e gigantescas, manifestando dimensões muito superiores àquelas que efetivamente existem.

Esse tipo de pressão é tão devastador e paralisante quanto a intensa e caótica pressão em cascata, aquela que, dentro da empresa, passa de um profissional para o outro como se fosse um vírus. A pressão imaginária pode, inclusive, servir de gatilho para que se inicie o efeito dominó da pressão em cascata. Uma se alimenta da outra. Uma evoca a outra. É o que poderíamos perfeitamente chamar de círculo vicioso.

Não é preciso ser psicólogo para observar que tal pressão imaginária é uma capciosa armadilha da nossa mente, apresentando problemas que, a princípio, não têm cabimento. É famosa, aliás, a seguinte frase de Augusto Cury: "Somos tão criativos que, quando não temos problemas, nós os inventamos." A imaginação em geral pode nos alertar para perigos reais, antecipando-os no horizonte; porém, quando ela inventa uma pressão inexistente, torna-se capaz de provocar uma autossabotagem.

Se pararmos para analisar as situações de pressão no dia a dia de trabalho, veremos que em diversas ocasiões, pela falsa percepção de que estamos imersos em exigências duríssimas, somos impelidos a pronunciar a frase "não vou aguentar". Não é raro, contudo, que tal situação desagradável seja irreal, que ela exista apenas dentro da nossa mente, apresentando feições superdimensionadas ou até mesmo exóticas.

Isso não significa que não haja pressão no ambiente. No cenário descrito acima, concebemos que sempre há de fato algum nível de pressão. O problema é que temos uma capacidade enorme de maximizar a situação em nossa mente. Torturamo-nos com fantasmas imaginários, perdemos a noção de realidade. Advém sobre nós um sofrimento desnecessário, sem que consigamos discernir o que é realidade e o que é apenas projeção descabida da nossa mente.

Esse padrão é mais comum do que pode parecer. Ele começa, muitas vezes, numa espécie de teoria da conspiração, onde se acredita que tudo está indo para o ralo, que não existe mais solução. É um prato cheio para alimentarmos o drama de ver sempre o lado negativo das coisas. Nos cenários de crise, ou seja, justamente no momento em que precisamos lidar com desafios, manifesta-se em nós essa propensão de multiplicar a importância e o alcance dos problemas. Eles nos aparecem sob a forma de uma barreira assustadora.

Esse *gap* de percepção certamente é prejudicial para a vida profissional, marcando a diferença entre o que uma pessoa está vivendo dentro de uma empresa e o que ela acha que está vivendo. A paranoia da fantasia, que coloca ainda mais pressão em cima de algo que já não é fácil, transformando-o, assim, num fardo enorme, é um ponto importantíssimo a ser trabalhado. Procurar sempre ouvir, observar e entender que a situação não é tão ruim quanto parece é uma excelente máscara de oxigênio em meio à turbulência.

Para isso, organizar as estratégias antes de se render à pressão torna-se fundamental. Olhar a questão de perto, ver e rever com cuidado todos os aspectos que a envolvem, montar cronogramas de prazos, priorizar demandas e analisar onde ocorrem os problemas vitais são atitudes que ajudam qualquer profissional. Ele tanto poderá ter uma noção exata dos problemas quanto encontrar as melhores formas de solucioná-los.

4
OS GATILHOS DA PRESSÃO

A pressão no ambiente corporativo pode ter diversas origens. Elas variam de acordo com o tipo de negócio de cada empresa. No setor de serviços, em especial no caso das empresas de hunting e de comunicação pelas quais passei, o gatilho da pressão, na maioria das vezes, é o cliente. A influência externa é muito forte, de modo que ela determina todo o ambiente. Se o cliente é caótico, por exemplo, ele pode transformar toda a organização num lugar igualmente caótico.

Agradar o cliente acima de todas as circunstâncias faz com que a área de atendimento da empresa seja uma grande fonte de pressão. Essa área é o front onde se dá a batalha diária do negócio. Por sua vez, ao se comprometer com determinados prazos e entregas, ela pressiona os demais departamentos. Os prazos muitas vezes são estabelecidos ali, no calor da hora, sem a devida reflexão, sem o devido planejamento. Uma vez que isso ou aquilo foi prometido ao cliente, não há alternativa senão a de entregar. Renegociar um prazo estabelecido meio à queima-roupa é sempre um caminho possível, mas poucos têm a coragem e o discernimento de empreendê-lo.

Parece óbvio que as empresas atuem e devam atuar em função do cliente. Entretanto, essa postura pode trazer muitos perigos. Ser uma organização client-driven, isto é, orientada para o cliente, não raramente significa devoção demais ao cliente antigo e pouca devoção ao cliente novo. Fica-se de tal forma em função da manutenção do que já existe, que os espaços para o novo são drasticamente reduzidos. Para não correr riscos de perder o cliente existente, há menos inovação, menos reposição de talentos, menos procura para sair do conhecido.

Mas por que o cliente coloca tanta pressão sobre uma organização?

A razão central é o fato de que ele detém a âncora dos prazos. Toda empresa tende — corretamente, diga-se de passagem — a se organizar em função dos prazos estabelecidos por seus clientes principais. Geralmente lidamos com inúmeros prazos para uma mesma demanda. No caso da empresa de serviço, o prazo é desdobrado em vários checkpoints: prazo para atender a demanda, prazo para desenvolver a primeira versão, prazo para passá-la por diversas aprovações, prazo para ajustá-la. No caso da indústria não é muito diferente: prazo para comprar matéria-prima, prazo para produzir o bem, prazo para enviá-lo ao revendedor.

Em cada uma dessas etapas, a pressão vai aumentando. Se uma etapa atrasa, ela impacta todas as demais. Temos, assim, que o cliente interno — ou seja, todos aqueles que, dentro da empresa, estão envolvidos no trabalho, como o diretor, o gerente ou a recepcionista — pode se tornar um gatilho da pressão. As cobranças pelo cumprimento dos prazos (e eventuais negociações destes) vêm de todos os lados, com o foco de jamais impactar o prazo principal: o da entrega final. Esse é apenas um exemplo de como o prazo pode passar, em instantes, de um norteador KPI (*Key Performance Indicator*), que é o indicador-chave de desempenho, para uma instabilidade que simplesmente desnorteia tudo, amplificando os níveis de pressão.

Numa empresa, o cliente externo e o interno são verdadeiros gatilhos da pressão. Mas precisamos assumir que, de vez em quando, nós mesmos assumimos esse papel. Isso ocorre quando impomos pressão sobre nós mesmos. Continuemos no exemplo dos prazos: existem prazos formais ou informais que determinamos para a nossa rotina diária, envolvendo tarefas importantes e tarefas miúdas. Quando descumprimos esses prazos, frustramo-nos bastante, mergulhamos numa situação de pressão que nunca é irrelevante. Na verdade, por sermos profissionais competitivos e exigentes, tornamo-nos os nossos maiores algozes. Às vezes, chegamos a lamentar o descumprimento desses prazos pessoais através de uma autoconfissão recheada de exagero: até hoje, jamais conseguimos realizar as tarefas no tempo certo.

Também nos tornamos gatilho da pressão quando permitimos que um ideal obsessivo de sucesso domine toda a nossa vida. É lícito que queiramos ser profissionais bem-sucedidos, autores de ótimos projetos, com cargos e salários melhores. Isso é muito natural, visto positivamente. Entretanto, o problema aparece quando abrimos as portas para um tipo de desejo que nunca se satisfaz, fazendo-nos confundir felicidade, ideia sempre muito ampla, com sucesso profissional, ideia específica. Aqui, o sucesso aparece como uma "obrigação", mexendo o tempo todo com a nossa autoestima, ainda que sem conseguir amparo em nossas necessidades reais. Com efeito, a pressão pelo sucesso é a neurose dos nossos dias. Trabalharemos esse assunto num outro capítulo, procurando extrair dele algumas lições importantes. Por enquanto, basta registrarmos que o disparo da pressão não ocorre apenas numa instância externa.

Outro gatilho da pressão é a opinião dos outros. Não é raro darmos grande importância à opinião dos outros, seja dentro ou fora da empresa. A nossa reputação, especialmente nesses dias em que tudo parece se decidir pelo falso glamour das redes sociais, é diariamente pressionada pelos riscos da mácula. Um deslize profissional, e lá se foi a chance da promoção. Uma palavra dita na hora errada, e lá se foi o interesse que aquele headhunter tinha em nós. Temos a tendência de nos preocuparmos muito com a opinião dos outros. Queremos que eles tenham a melhor visão possível sobre o nosso desempenho. Isso dispara uma pressão infernal.

Não é necessário dizer que estou apresentando o problema do ponto de vista de um drama interior, restrito ao âmbito da pressão que alguém se permite sofrer por conta das opiniões dos outros. Ou seja, não estou insinuando que a imagem profissional não tem importância dentro do ambiente corporativo, pois acredito que as nossas carreiras resultem, em alguma medida, de um bom marketing pessoal. Mais precisamente, a minha crítica é a seguinte: o que faz com que a pressão se desencadeie sobre nós é o excesso de expectativas. Achamos que os outros precisam pensar que somos os melhores da área, seres infalíveis, sempre realizados em todos os aspectos da nossa vida pessoal e profissional. É aquela obrigação de sermos perfeitos — e, sobretudo, de parecermos ser.

Diante de tantos gatilhos, não é difícil supor que a pressão se espalha como uma bola de neve, começando dentro de casa, muitas vezes com os nossos próprios filhos. A história começa a se instaurar logo cedo, na escola: é a pressão para que os filhos se destaquem entre os colegas, tirem notas altas, passem num vestibular de primeira linha, formem-se com distinção e louvor, consigam um emprego excelente (no qual também deverão se destacar, para que a história dos gatilhos recomece). Os gatilhos da pressão desde a infância são inesgotáveis, podendo ser desdobrados por inúmeras vias.

Aliás, o jornalista britânico Carl Honoré, em seu livro *Sob pressão: criança nenhuma merece superpais,** estuda esse tipo de pressão que determinados pais colocam sobre os seus filhos, vendo suas vidas como um plano de metas. Na visão do jornalista, isso pode ocasionar diversos desarranjos psicológicos, fazendo com que as crianças se tornem adultos pouco criativos e muito dependentes. Ele nota que as crianças de hoje estão sob pressão dos pais, da escola e de si mesmas: elas têm uma agenda que deixaria cansado qualquer executivo bem-sucedido.

Transformar círculos viciosos em círculos virtuosos exige a busca por um lugar entre o muito e o muito pouco. O passo seguinte é admitir que não estamos no controle de tudo. Essa atitude, em si, já é um tremendo antídoto contra a pressão. Mas é preciso admitir também que alguns disparos virão inevitavelmente em nossa direção. Nesse ponto, ter conhecimento e consciência dos gatilhos da pressão será o passo decisivo para fomentar círculos virtuosos.

---

* HONORÉ, Carl. *Sob pressão: criança nenhuma merece superpais*. São Paulo: Record, 2009.

5
ENFRENTAR SEM DISSEMINAR

A matemática é simples: pressão sobre pressão gera ainda mais pressão. Parece óbvio, mas essa é a fonte de um dos grandes problemas que pairam sobre as empresas, especialmente em cenários de alta turbulência: a pressão em cascata. Em geral, a bola de neve começa a rolar do topo, ou seja, da liderança, e vai descendo. Mas pode ocorrer também o inverso: a base, a linha de frente, recebendo influências externas ou ruídos do mercado vindos da cadeia de valor, pode funcionar como o elo que conduz a pressão até o topo.

Mas fiquemos no primeiro caso, isto é, na pressão disseminada de cima para baixo. Imagine um líder que tenha acabado de participar da reunião mais decisiva e tensa do semestre. Presuma o seu nervosismo ao sair da sala, uma verdadeira pilha de nervos. Ele é o diretor de uma conta que está prestes a ser perdida. A pressão sobre os seus ombros é imensurável, afinal, a missão dele é conseguir manter um dos maiores clientes da empresa. Notável é que conquistar clientes pode ser uma atividade hercúlea, mas mantê-los na base é ainda mais desafiador.

Prestes a explodir, ele recorre, involuntariamente, a uma saída que, para as pessoas que estão na situação, parece ser uma forma de despressurização. Na verdade, trata-se de um disfarce: ele transfere para a sua equipe a pressão que está depositada sobre ele — e com uma dose extra vinda dele mesmo, potencializada pela sua própria ansiedade.

Tenho observado que essa transferência ocorre inconsciente ou conscientemente. Muitas vezes, o executivo nem percebe que está angustiando a equipe apenas para aliviar a sua própria pressão. Quando é feito de forma consciente, o angustiar costuma ganhar contornos de um "quero dividir com vocês", devendo essa expressão ser lida, na verdade, como um "tragam-me a solução".

Digo que é um disfarce porque essa atitude não é um despressurizador. Ao contrário, ela gera ainda mais pressão: a pessoa que começou a disseminá-la continua sob estresse, e os seus subordinados absorvem esse mesmo sentimento, passando-o, por sua vez, para os seus diretos — e assim por diante.

Como quebrar, então, essa cadeia de pressão? Do meu ponto de vista, existem três virtudes essenciais para evitarmos a pressão em cascata: serenidade, paciência e distanciamento estratégico. Com esses três ingredientes, é possível enxergar que tipo de pressão sofre a pessoa que pressiona e, assim, não entrar na mesma angústia, na mesma sintonia.

Entendo serenidade como um estado mental e corporal marcado pela leveza e pela tranquilidade. É uma característica inata em algumas pessoas, mas que pode ser perfeitamente aprendida, desenvolvida. Leveza e tranquilidade estão associadas à suspensão do julgamento. Ou seja, eu devo cessar o julgamento moral e procurar visualizar e compreender a situação, para só então interagir com ela. Os gregos chamavam esse estado de *ataraxia* (tranquilidade), o que equivale à *tranquillitas* latina. Ele deve ser entendido como "perfeita paz da alma, que nasce da libertação das paixões".

Libertar-se das paixões é tudo o que uma organização deve fazer quando a temperatura está muito alta. É comum, nesses momentos difíceis, observarmos certa parcela da população de uma empresa agindo em função do quanto pior, melhor. Aí, os boatos de corredor só espalham incertezas. Nas interações interpessoais, tendemos a colocar tudo em dúvida, botando ainda mais lenha na fogueira. Nesses momentos, o gestor deve agir como agiriam os filósofos gregos céticos: barrar a avalanche de dúvidas e incertezas por meio da "suspensão do juízo sobre todas as coisas" (que eles chamavam de *epokhé*) para então chegar à *ataraxia* corporativa, isto é, voltar às condições normais de temperatura e pressão.

Já a paciência deve ser encarada como algo mais pragmático. Trata-se, como sabemos, da virtude de quem suporta adversidades, males e incômodos sem muito choramingo ou revolta. É uma qualidade rara também. Significa saber esperar aquilo que sempre tarda ou que vai tardar desta vez. É aquela sabedoria da espera que vemos no Eclesiastes: "Tudo tem o seu tempo determinado, e há tempo para todo o propósito debaixo do céu.

Há tempo de nascer, e tempo de morrer; tempo de plantar, e tempo de arrancar o que se plantou; tempo de matar, e tempo de curar; tempo de derrubar, e tempo de edificar."

Por outro lado, a paciência também tem o seguinte sentido: não entregar os pontos, não desistir. Ou seja, ela é a virtude de perseverar, de permanecer na execução de um trabalho ou de uma campanha, de sustentar a mesma posição na luta, apesar de todas as dificuldades e demoras possivelmente implicadas. Há quem associe a paciência ao estoicismo, aquela corrente filosófica antiga que pregava a indiferença e o desprezo pelos males físicos e morais, propondo uma resistente austeridade. Contudo, penso que a paciência é uma competência de liderança, sem que o líder precise adquirir os ares rígidos do chamado estoicismo.

O distanciamento, por sua vez, deve ser associado à nossa capacidade de enxergar e, por consequência, de nos localizar em determinado espaço. Ele implica dar um passo para trás para aumentar o ângulo de visão, recuar momentaneamente, observar à distância. Nesse sentido, ele está articulado como separação ou apartamento, o que exige uma breve explicação. No geral, defendo o envolvimento radical do líder com as pessoas e com os processos que estão sob a sua responsabilidade; todavia, em determinados momentos, esse envolvimento precisa ser suspenso providencialmente. Trata-se, portanto, de um afastamento estratégico. Alerto que tal distanciamento não precisa diminuir de forma alguma o envolvimento pessoal. Jamais é devido abrir mão das competências interpessoais. Distanciamento, aqui, refere-se apenas à situação — e não às pessoas.

Assim, temos um quadro de três virtudes fundamentais. A serenidade é a virtude necessária para você não disseminar o "quanto pior, melhor", suspendendo com ela os julgamentos superficiais, libertando-se das paixões improdutivas. A paciência é a virtude necessária para você não disseminar o desânimo e a desistência, coisas que assolariam qualquer organização. O distanciamento é a virtude necessária para você ter uma compreensão panorâmica da situação.

É importante que o líder fique atento para não entrar na bola de neve — situação grave que, pelo efeito cascata, pode levar todos à bancarrota. O caso geralmente ocorre da seguinte forma: uma equipe recebe altas doses de pressão, o que a faz perder o foco e a motivação; a liderança então se desgasta, o seu estresse aumenta, o que a faz impor ainda mais pressão sobre a equipe. Trata-se do efeito bumerangue clássico, incluindo a forma das relações pessoais cada vez mais deterioradas: a pressão repassada ou disseminada se volta continuamente contra o ponto de origem. As equipes perdem a oxigenação que seria representada pelos líderes. E os líderes perdem a oxigenação que seria representada pelas equipes.

6
PRESSÃO PELO SUCESSO

Há o sucesso que ainda não temos e queremos ter e o sucesso que já temos e não queremos perder. O ideal de sucesso nos cerca por todos os lados, seja nos píncaros das montanhas, seja nos abismos sombrios. Na vida profissional, a pressão pelo sucesso se revela com grande força e passa a alimentar todas as nossas atividades, ora para o bem, ora para o mal. É uma espécie de combustível que põe o motor em movimento, podendo desencadear grandes realizações ou causar estragos irreversíveis.

É verdade que nunca se falou tanto sobre sucesso profissional quanto nos dias de hoje. Basta olharmos para as prateleiras das livrarias. Elas estão repletas de títulos de autoajuda sobre desenvolvimento de carreira, viradas profissionais mirabolantes, como ficar rico por meio do trabalho, além de uma infinidade de temas relacionados. Há ainda as seções de jornais, as revistas especializadas e as mídias sociais que nos lembram a todo instante que temos a obrigação de conquistar o sucesso profissional.

Em algum momento, não temos como escapar do óbvio: acabamos às voltas com a mensuração do nosso próprio sucesso profissional. Perguntamo-nos se somos suficientemente bons, se não estamos aquém do que esperamos, se conseguiremos chegar lá. Aqui, a comparação com o sucesso dos outros pode deixar um sabor amargo na boca daqueles que não se sentem bem-sucedidos. Trata-se de uma das mais fortes pressões que alguém pode sentir. Mexe com a sua estrutura psicológica, com o seu brio, com a sua autoestima.

De fato, o sucesso é difundido e cultuado como se fosse uma obrigação. Ter um excelente emprego, ser o melhor da área em que atuamos. Somos pressionados todos os dias por um ideal de sucesso. Pior: acabamos pressionando os outros, tornando-os reféns do nosso ideal de sucesso. Muitas vezes, determinamos o valor de uma pessoa pelo suposto sucesso que ela alcançou, sem pensar que, em qualquer circunstância, há um problema fundamental de pontos referenciais: aquilo que é um estrondoso sucesso para alguns pode não ser um estrondoso sucesso para outros; ou seja, tudo depende do ponto referencial pelo qual uma condição é filtrada e qualificada.

É possível que alguém chegue ao ponto de ter a perfeição como uma referência contínua para o sucesso (caso grave de perfeccionismo). O esmero, requinte ou apuro das ações profissionais seria, neste caso, a chave de toda a realização. O problema é que a contínua projeção de patamares tão elevados faz com que a pressão atinja níveis insuportáveis, impedindo qualquer desempenho. O psicólogo David Burns faz a seguinte consideração: os que se cobram pela perfeição até reconhecem que os padrões muito altos causam estresse e são pouco razoáveis; contudo, continuam acreditando que isso os motiva a atingir níveis de excelência e produtividade. O problema, segundo Burns, é que "ao tentarem alcançar as estrelas, os perfeccionistas podem acabar apenas correndo atrás do vento". Com efeito, a pressão desencadeada pelo perfeccionismo pode ser prejudicial, com o efeito inverso, atrapalhando justamente a excelência e a produtividade.

A cobrança pelo sucesso é normalmente uma pressão perversa, sem limites. Se quisermos chegar a um determinado cargo dentro de uma empresa, alcançamos o sucesso somente quando o conseguimos. Todavia, logo depois vem a pressão para sermos bem-sucedidos na nova posição, continuarmos crescendo, conseguirmos cargos melhores, salários melhores, benefícios, mordomias. Ou seja, não há sucesso suficiente. Diz-se que as tramas que conduzem a busca pelo sucesso têm mecanismos e desdobramentos semelhantes aos da ação das drogas: o nível máximo de satisfação está sempre na próxima dose, que nunca é efetivamente a última.

Embora também haja pressão pelo sucesso em diversos aspectos da vida (ser bom pai, boa mãe, bom marido, boa esposa, bom cidadão, bom aluno, bom chefe, bom esportista), é no ambiente profissional que esse vírus encontra terreno fértil, podendo assumir um caráter existencial problemático. É que atrelar a felicidade ao sucesso profissional é uma tendência muito comum num ambiente de alta competitividade. Manifesta-se comumente a ilusão de que pessoa feliz e profissional bem-sucedido são a mesma coisa. Sabemos, porém, que isso é uma armadilha fantasiosa, podendo trazer consequências funestas para a saúde psíquica dos que nela se deixam enredar. O fato é o seguinte: felicidade é uma ideia muitíssimo mais ampla do que sucesso profissional.

É compreensível que a realização profissional, somada ao poder aquisitivo, abra portas para muitas realizações pessoais. Mas torná-la a única questão importante na vida pode trazer consequências agudas em outras esferas. A busca desenfreada pelo sucesso profissional pode fazer com que a pessoa se descuide de questões importantes, como ética, educação, prazer nas coisas simples, boa conversa com os filhos, entre outras. O processo de perda ou de afastamento desses valores costuma ocorrer de forma silenciosa, sem que estejamos conscientes, já que o nosso foco mental está unicamente na meta de alcançar sucesso profissional.

Evidentemente, podemos enxergar o lado bom da pressão pelo sucesso. Se as livrarias, aliás, estão repletas de livros sobre o sucesso, é porque tal sucesso nunca se reveste como assunto desimportante. Pelo contrário, o problema do sucesso está ligado a um desejo intrínseco de realização existencial. Daí que o número de leitores das fórmulas mágicas para o sucesso seja cada vez mais significativo. Afinal, que triste seria a vida de um homem que não conseguisse ser bem-sucedido em coisíssima nenhuma!

Na busca pelas realizações profissionais, a pressão pode contar a favor. Responder positivamente à pressão de "chegar lá" é um indicativo de que a autoestima está em equilíbrio. Quando a autoestima é demasiadamente baixa, a pessoa fica insensível à pressão, o que definitivamente é um passo decisivo para ela desistir de qualquer forma de sucesso. Se ela aceita os níveis de pressão como degraus a serem superados um a um, podemos concluir que ela está enfrentando a pressão com parcimônia e ponderação, como deve ser.

Nesse ponto, não há ocasião para neuroses advindas de comparações inoportunas e rasteiras: "que pena, a grama do vizinho é mais verde", "que pena, o sucesso do outro é maior". O lema sempre será: cada um na sua, procurando fazer o melhor que pode, sem se deprimir com as realizações de terceiros. Tampouco há clima para perfeccionismos estelares, aqueles que se manifestam descolados da realidade e que, paradoxalmente, inibem a excelência e a produtividade. O profissional que lida bem com a pressão pelo sucesso sabe que o perfeccionismo não é uma mão amiga. Esse profissional prefere objetivos palpáveis e realistas, ainda que muito difíceis de serem alcançados.

O importante é que cada um descubra em si mesmo o que traz motivação e felicidade, sem confundir prosperidade profissional com prosperidade existencial. Já aludimos ao fato de que nem sempre o que traz satisfação para uma pessoa trará satisfação para outra. Há uma diversidade inegável de expectativas. Essa diversidade compõe a riqueza da existência humana, dentro e fora do ambiente de trabalho. Devemos concordar: a vida seria muito ruim se todas as pessoas fossem iguais e se satisfizessem com os mesmos valores.

O verdadeiro sucesso tem feições sempre singulares (e não universais), resultando das ações que cada um faz para ser feliz. É verdade que quando esse sucesso vem acompanhado de cargos executivos e riquezas materiais, parece-nos mais fácil identificá-lo. Mergulhamos na convicção de que essas materializações são as únicas formas do sucesso. Mas também existe o sucesso que não pode ser medido desse modo. É um tipo de sucesso diferente, difícil de ser descrito com os termos preponderantes em nossa sociedade. Trata-se de um sucesso saboroso, coroado internamente, com grande satisfação, segundo a consciência de cada um. Ora, é evidente que ele não é menos relevante. Quando compreendemos essas coisas, damos o esperado sinal verde para que as cobranças internas diminuam — e, consequentemente, passamos a enfrentar as cobranças externas de uma forma mais leve e, inclusive, mais produtiva.

7
COMO NÃO PERDER O CRACHÁ

A morte do crachá corporativo já foi decretada algumas vezes. A mais barulhenta delas ocorreu em meados dos anos 1990, quando os gurus norte-americanos Jeremy Rifkin e Williams Bridges lançaram, respectivamente, os livros *O fim dos empregos*[*] e *Um mundo sem empregos*[**]. Jamais tinha ouvido falar desses autores e de suas obras, até que comecei as pesquisas para escre-

---

* RIFKIN, Jeremy. *O fim dos empregos*. São Paulo: M. Books, 2004.

** BRIDGES, Williams. *Um mundo sem empregos*. São Paulo: M. Books, 1995.

ver este livro. Ao falar com um colega, também da área de RH, sobre os impactos da recessão e das novas tecnologias no emprego, ele me fez as indicações. Fui atrás. E fiquei surpresa com a atualidade dessas obras quase duas décadas depois de seu lançamento.

Rifkin argumentava que os computadores sofisticados, a robótica, as telecomunicações e as demais tecnologias da era da informação (nessa época, ainda se usava a expressão "cultura digital") estavam substituindo os seres humanos em praticamente todos os setores e mercados. Na visão dele, fábricas e empresas virtuais despovoadas dominariam tanto o cenário industrial quanto o de serviços. A previsão era um pouco sinistra e prenunciava um colapso da civilização, embora apontasse para uma transformação social e cultural positiva depois do choque.

Já o estudo de Bridges não se fiava tanto na questão tecnológica. Preocupava-se mais com o conceito de trabalho. Segundo ele, a visão de emprego com a qual estávamos acostumados (crachá pendurado no pescoço, expediente de trabalho das oito às dezoito horas, salário 13 vezes por ano, férias, promoções e aposentadoria) era uma noção do século XIX que não subsistiria no século XXI. A tese foi formulada à época da famigerada Reengenharia e, de fato, víamos mesmo no horizonte os empregos formais desaparecendo rapidamente.

Mas, no estudo de Bridges, a perda do crachá corporativo não significava o fim da linha. Ele apenas achava que o emprego formal não era a única maneira pela qual as pessoas poderiam ganhar a vida. Em vez de sermos empregados, poderíamos — e até deveríamos, defendia ele — atuar como consultores ou mesmo em projetos e jobs.

Tanto Rifkin quanto Bridges não estavam de todo equivocados: dos anos 1990 para cá, segunda década do século XXI, o emprego formal perdeu a sua primazia, e novas formas de ganhar a vida foram se estabelecendo em todas as camadas sociais, em todos os níveis profissionais, do técnico ao gerencial. Dados recentes mostram que o número de micros e pequenos empresários quadruplicou no período de 2004 a 2014. No Brasil, que a exemplo de toda a América Latina tem um perfil empresarial mais tradicional devido ao fato de sua indústria estar baseada em commodities, o empreendedorismo já é responsável por 25% do PIB e por 70% das novas vagas abertas no mercado de trabalho. E a tendência continua em alta: pesquisas recentes revelam que quase sessenta por cento dos universitários brasileiros têm interesse em se aventurar num negócio próprio nos próximos cinco anos.

Tudo isso tem nos causado, por um lado, a sensação de vivermos na era de ouro do empreendedorismo e, por outro, a impressão de que o crachá corporativo experimenta um declínio acentuado. É certo que a cultura das startups, que floresceu com a economia digital, promoveu não apenas novos modelos de negócios, mas também um novo espírito do tempo — o *zeitgeist*. Nele, o empreendedorismo parece ser o epicentro da vida. E as melhores oportunidades profissionais parecem estar todas fora do escopo das corporações.

A meu ver, no entanto, o emprego formal continua sendo uma maneira apaixonante de construir uma carreira e uma vida dentro de uma organização. Além disso, mais da metade das vagas de trabalho ainda vêm do mundo do crachá. Ao mesmo tempo, graças à força das novas formas de empreendedorismo, a carreira de um empreendedor ou de um autônomo, isto é, um "profissional sem crachá", pode ser tão rica e bem-sucedida quanto a de um técnico ou a de um executivo detentor de crachá corporativo.

Demonizar o crachá corporativo, tentando associar a ele baixa qualidade de vida é, a meu ver, um equívoco. Da mesma forma, acreditar que a liberdade e a realização profissionais estão somente do lado oposto, isto é, no empreendedorismo anticorporativista, é um mero autoengano. O que parece estar de fato ocorrendo é que o mundo do trabalho caminha para um equilíbrio entre esses dois modelos: sem dúvida, eles mais se complementam do que se opõem. E o equilíbrio ocorre até nos níveis de pressão que ambos oferecem para o sucesso profissional.

Conquistar e manter um crachá corporativo está muito difícil nos dias que correm. E a tendência é que isso fique ainda mais complicado. As razões do problema são evidentemente a conjuntura econômica desfavorável (vivemos tempos de recessão e de revisão de modelos) e principalmente a qualificação técnica e comportamental exigida pelos postos disponíveis no mercado; sem falar, é claro, da simplificação de processos na automação.

De forma semelhante, abrir e fazer crescer um pequeno negócio (ou mesmo tocar qualquer atividade autônoma) oferece desafios ainda maiores do que ofereciam no passado. Embora os meios de produção estejam hoje mais acessíveis por conta dos avanços da tecnologia digital, a concorrência, por sua vez, é gigantesca, e o acesso ao capital tremendamente difícil. Como se vê, tanto num quanto noutro cenário, a turbulência é notável.

O fato — e é isso o que me interessa explorar aqui — é que essa turbulência está exigindo de todos nós o aperfeiçoamento das nossas aptidões e a incorporação de novas competências profissionais. Para obter um crachá corporativo ou mesmo para não perdê-lo, é necessário, cada vez mais, ter certas habilidades que antes só eram exigidas de especialistas ou em níveis hierárquicos elevados. As mesmas exigências valem para quem vê no empreendedorismo um caminho melhor para realizar as suas ambições profissionais.

Não há, porém, um consenso sobre o conjunto exato de competências para se enfrentar as pressões desse cenário adverso. É comum nos depararmos com listas que chegam a incluir vinte ou mais competências supostamente essenciais para nos levar e nos manter nas melhores empresas para se trabalhar. Essas listas vão do extremo lugar-comum, apostando em flexibilidade e integridade, ao exotismo, listando como competência uma faculdade mental como a intuição.

No meu entendimento, são apenas três as competências que, nos tempos atuais, podem nos tornar de fato mais competitivos e preparados para defender o nosso crachá ou fazer crescer o nosso negócio: comunicação ideal, habilidade para lidar com transições e conduta ética irrepreensível. Em maior ou menor grau, são competências capazes de impulsionar as nossas carreiras em qualquer estágio profissional, seja no começo, quando ainda somos jovens e ocupamos cargos mais técnicos, seja na maturidade, quando buscamos cargos de gestão. Interpreto e conceituo abaixo cada uma dessas competências.

Para mim, a comunicação ideal é aquela que se baseia numa argumentação lógica. Por exemplo, X não pode dar certo por conta de Y. Mas não estou falando de lógica formal. Ao menos, não estou falando só de lógica formal. Estou falando da capacidade lógica de divergir sem criar conflitos indissolúveis, que costumam paralisar uma empresa. Aliás, falaremos sobre isso novamente em outro ponto deste livro, quando destacarmos a importância da divergência para a retenção de talentos numa empresa. Divergir é dizer com clareza, por exemplo, numa reunião de planejamento, que o projeto X deve ser abortado por essas ou aquelas razões. Ninguém deve se calar, contando os dias para ver o projeto naufragar depois, já na linha de produção.

A falsa cordialidade é perversa para os resultados, em todos os níveis e em todas as frentes. Evitar a divergência pode até manter, por algum tempo, um bom clima organizacional, mas em médio e longo prazo, tudo se torna insustentável.

Para divergir bem, é preciso ser claro. A clareza é um dos "sete elementos essenciais da comunicação", conforme listado pelo psicólogo e consultor empresarial norte-americano Lee Hopkins. Gosto muito de recorrer a essa listinha de Hopkins para defender a minha crença na boa comunicação. Além da clareza, ele fala em estrutura, consistência, meios, primazia, relevância e a famosa regra entre sete e dois.

A clareza é a capacidade de separar um assunto do outro, um tema do outro, uma ideia da outra. Sobretudo, é saber a mensagem que se quer passar.

A estrutura implica organizar a fala, o discurso ou a apresentação numa abertura, num desenvolvimento e num fechamento. Contar uma boa história, como se aprende com o filósofo grego Aristóteles, é fazer com que ela tenha começo, meio e fim. Simples assim.

A consistência é o contrário da falta de coerência, de firmeza ou de tenacidade. Ser inconsistente é usar o seu e-mail marketing para mandar uma mensagem irrelevante para a sua audiência, é falar uma coisa hoje e outra amanhã, é começar a criticar o fluxo da área comercial sem nunca ter se preocupado em saber o que é pipeline de venda.

Os meios envolvem os instrumentos que devem ser usados de acordo com a audiência e a situação. Por que perder tempo com uma apresentação em Power Point quando a tabela do Excel resolve o problema?

A primazia pode ser entendida como "a primeira impressão é a que fica". Diz-se que, das conversas, das apresentações e das obras em geral, lembramos com mais nitidez daquilo que se diz primeiro e por último. Assim, em qualquer comunicação, é preciso escolher o que se vai dizer primeiro e o que será deixado para o final.

A relevância é simplesmente aquilo que muda ou, ao menos, afeta de algum modo a vida do receptor da sua mensagem.

Finalmente, a "regra entre sete e dois" é a porção de ingredientes que você coloca em sua fala, sua apresentação, seu vídeo institucional, seu e-mail marketing. Hopkins estudou e constatou que o mínimo de dois e o máximo de sete tópicos é o ideal para a boa comunicação. Vale para tópicos numa página de apresentação. Para a quantidade de tópicos numa reunião. Para a quantidade de temas de uma boa conversa.

Já a habilidade para lidar com transições, que é a segunda competência para defendermos o nosso crachá ou fazermos crescer o nosso negócio, deve incluir uma forte dose de talento para a articulação política. Significa, em primeiro lugar, ser capaz de se posicionar diante de situações complexas. Significa, por outro lado, ser capaz de rever rapidamente uma posição — a sua e a dos outros envolvidos na situação ou no ambiente.

Rever a própria posição quer dizer mudar de ideia ou de postura quando necessário, enquanto rever a posição de outros significa admitir interpretações e compreensões equivocadas, pedir desculpas, recompor, fazer damage control. Mas essas revisões não devem pressupor abrir mão de princípios e valores — sejam seus, sejam da organização que você representa.

Contudo, o atributo vital de quem exibe a habilidade para lidar com transições é a disposição para as mudanças: a capacidade de aceitá-las, participar delas e, sobretudo, encabeçá-las, se você for um gestor ou líder.

O guru e consultor William Bridges, que citei acima, também escreveu sobre mudanças e transições. Viu nelas, ou melhor, na dificuldade de lidarmos com elas, um dos maiores empecilhos para as empresas se desenvolverem. Ele define a habilidade para lidar com transições como a capacidade de encarar com naturalidade um processo de mudança.

Mais do que isso, Bridges pensa que a pessoa que de fato sabe lidar com as transições é aquela que em primeiro lugar não nega o evento, isto é, não resiste a ele, sabendo traçar, ao menos mentalmente, uma estratégia para fazer a travessia. Essa estratégia deve incluir a competência de saber encerrar um ciclo e enxergar um novo, que está por vir.

O mais importante, porém, é a prontidão para lidar com a zona neutra e escura que está no meio de uma coisa e de outra. Abandonar o modo de fazer algo e começar a fazê-lo de maneira diferente representa sofrimento para qualquer um de nós. Bridges fala que a negação de qualquer uma dessas etapas transforma a mudança em algo superficial: mudar para ficar na mesma, como se costuma dizer.

Precisamos ter consciência dessa competência — ou da ausência dela — em nós mesmos e em nossas equipes, pares e superiores. Ao passarmos por um processo de transição, é natural que fiquemos desorientados e meio perdidos por algum tempo. Precisamos, então, ter paciência, até que os novos rumos se definam.

No fundo, a comunicação ideal e a habilidade para lidar com transições são instâncias relacionadas. Bridges nos ensina que as pessoas em geral não se negam a mudar, mas resistem bravamente à forma como as mudanças ocorrem ou são conduzidas. Saber gerir e, sobretudo, saber comunicar as transições constituem, assim, uma vantagem considerável em qualquer ambiente.

Mas há ainda uma terceira competência fundamental para quem deseja defender o seu crachá ou fazer crescer o seu negócio: conduta ética irrepreensível. Não é necessário dizer que, no campo da vida pessoal e profissional, as questões éticas, relacionadas aos princípios morais que nos orientam, têm sempre uma importância muito grande, envolvendo mesmo a essência de todas as coisas.

No atual momento do país, quando acompanhamos nos noticiários uma grande onda de investigações envolvendo políticos e altos executivos, quando a todo instante somos surpreendidos pela revelação de novos e inacreditáveis esquemas de corrupção, quando está em xeque até mesmo a reputação de empresas renomadas e com um histórico invejável de negócios, a questão ética se torna ainda mais relevante e urgente.

Dentro das empresas, o problema ético tem causado um efeito imediato: a ênfase na implantação ou na reativação de códigos de conduta bem rígidos, assim como em estruturas de monitoramento, visando verificar se os procedimentos corretos estão ou não sendo respeitados. Esses códigos, que antes eram muitas vezes meras peças decorativas, estão ganhando cada vez mais um valor decisivo.

O termo em inglês que implica a conduta ética e a obediência às normas é *compliance*, que significa agir de acordo com as regras. Assim, "estar em compliance" é estar justamente em conformidade com os regulamentos externos e internos, o que vale tanto para quem deseja preservar o seu crachá quanto para quem deseja garantir um lugar ao sol no mundo do empreendedorismo.

> Em tempos de alta pressão, há três competências que podem nos fazer mais competitivos e preparados: a comunicação ideal, a habilidade para lidar com transições e a conduta ética irrepreensível.

8
A OPINIÃO ALHEIA

Já dissemos, num pequeno comentário, que a opinião dos outros é um gatilho da pressão, podendo se desdobrar como uma das mais corrosivas ameaças à nossa estabilidade emocional. A partir de agora, precisamos desenvolver melhor esse assunto, considerando alguns aspectos fundamentais que não foram expostos naquele momento.

No mundo corporativo, aquilo que os outros pensam e dizem sobre nós, principalmente o que pensam e dizem os nossos chefes, ganha sempre muita importância, estabelecendo-se às vezes como uma espécie de violência. A opinião dos superiores, pares e subordinados pode nos estabilizar ou desestabilizar emocionalmente, dependendo de seu conteúdo e da forma com que ela mesma aparece.

É verdade que, nisso, o como se diz (forma) não raramente tem mais importância do que o que se diz (conteúdo). A opinião que se manifesta de uma forma, por assim dizer, atravessada, sem a devida delicadeza, tem o poder de colocar uma pá de terra pesada sobre o próprio assunto que a constitui.

Dentro e fora do trabalho, a pressão é devastadora quando aqueles que estimamos têm uma opinião contrária às nossas expectativas. Desejamos que eles nos vejam de uma maneira, mas eles nos veem exatamente como não gostaríamos de ser vistos, ora por interpretarem erroneamente os nossos gestos e palavras, ora por subestimarem a nossa inteligência e as nossas potencialidades. Sem dúvida, isso pode gerar muita tristeza ou revolta.

Por que o que os outros pensam e dizem sobre nós se constitui como algo tão significativo?

É sabido que certa corrente da filosofia antiga receitava o desprezo pela opinião alheia como uma fórmula para o homem manter o prumo e a paz de espírito. Assim, havia o entendimento de que, na vida, todos podem prescindir do que os outros pensam e dizem. No entanto, devemos nos perguntar: ignorar a opinião alheia é uma coisa fácil? A verdade é que não parece ser uma tarefa simples desprezar o impacto que ela produz em nós.

Reparemos que, no dia a dia do trabalho, qualquer coisinha desagradável que apareça a nosso respeito, mesmo que não se vincule nem corresponda a um assunto vital, leva-nos a querer revidar. Sentimos a comichão de pegar o telefone ou sentar diante do computador e dar aquela resposta implacável que o detrator merece. A resposta dada no calor da hora quase sempre atrai mais complicações: a reação impulsiva se torna matéria de detrações posteriores. Não à toa existe aquela famosa recomendação de contar até dez, respirar fundo, não agir irrefletidamente.

A percepção que eu posso ter de mim mesma depende em certa medida da percepção que os outros têm de mim. É um jogo ou, no mínimo, um diálogo do qual não posso fugir. Há então uma plataforma de equilíbrio a ser buscada. O que me permitirá manter o prumo e ter paz de espírito serão os pontos de conformidade entre as minhas opiniões e as opiniões dos outros, sem hierarquias ou subordinações entre elas. Ou seja, são válidas tanto as visões que eu tenho de mim mesma quanto as visões que os outros têm de mim. Se, nesse jogo, a opinião alheia sempre prevalecer, ocorre desequilíbrio: perco a oportunidade de construir as minhas próprias opiniões. Se, ao contrário, a minha opinião solitária sempre prevalecer, também ocorre desequilíbrio: perco a oportunidade de extrair da opinião alheia alguma coisa importante para o meu desenvolvimento.

Quando corto os meus cabelos desse ou daquele jeito ou compro uma roupa clássica ou esportiva, sigo o meu gosto. Mas só me sentirei plenamente realizada se os meus critérios para cabelos ou roupas não forem completamente alienígenas aos critérios dos outros. De fato, quando vivemos em sociedade, a opinião alheia não é desimportante, tampouco deve ser desprezada. O problema ocorre quando passo a cortar os meus cabelos ou a comprar as minhas roupas renegando o meu próprio gosto, considerando apenas o que os outros vão pensar. Ou ainda quando passo a viver absolutamente do meu próprio modo, sem dar a mínima atenção às regras de convivência em sociedade, olhando apenas para o meu umbigo. Ora, é preciso haver aquilo que eu chamo de conformidade mínima.

A mesma coisa pode ser considerada no mundo do trabalho. Do ponto de vista prático, podemos ter boa fama no trabalho quando há conformidades entre o que somos e fazemos e o que os outros esperam que sejamos e façamos, assim como podemos ter má fama quando não há conformidades ou quando tudo se resume a conformidades miúdas. É evidente que a evolução da nossa carreira profissional depende bastante da construção de uma boa fama. Porém, essa construção está longe de depender somente de nós. Ela depende também dos outros, segundo arranjos sensoriais muito sutis e complexos, envolvendo, além de certa admiração técnico-profissional, princípios de gosto e simpatia.

Em bom português, por mais que sejamos competentes ou eficientes, os nossos chefes podem não ir muito bem com a nossa cara. Isso explica, aliás, muitas das distorções que ocorrem dentro das empresas; por exemplo, o caso de gerentes ou diretores que, embora não sendo significativamente competentes ou eficientes, acabam caindo nas graças da liderança superior por conta de outros atributos. Essas coisas acontecem todos os dias dentro das organizações, decorrendo de intrincados princípios de gosto e simpatia que definem as relações interpessoais.

O gosto não se explica, dizem certos filósofos. E a simpatia que sentimos por determinadas pessoas se explica por inúmeros motivos, dos mais sofisticados aos mais pedestres: preferências estéticas ou ideológicas, questões étnicas ou culturais, aspectos da história de vida, o time de futebol pelo qual se torce, o timbre de voz, o modo de mexer as mãos etc. Tudo entra na conta das relações intersubjetivas. Assim, os líderes, por mais que tentem ser imparciais ou isentos, continuam sendo demasiadamente humanos em suas preferências.

Evidentemente, estou simplificando os mecanismos que definem o jogo interpessoal. Há muitas outras questões que poderiam ser consideradas. Contudo, interessa ter em mente o seguinte: o desalinho entre a opinião que temos sobre nós mesmos e a opinião alheia é bastante natural. Alguém se pensa tímido, mas é visto como arrogante. Alguém se pensa ousado, mas é visto como acanhado. E a recíproca é verdadeira: a opinião que temos, por exemplo, sobre certo membro de uma equipe pode não corresponder à opinião que tal pessoa tem de si própria. Ele é visto como tímido, mas se pensa arrogante. Ele é visto como ousado, mas se pensa acanhado.

Quando friso que esse desalinho é natural, estou querendo apontar que, dentro e fora das organizações, o jogo entre as opiniões é incontornável. Não podemos negá-lo nem eliminá-lo. O que precisamos saber é como nos colocar nele. A má notícia é que se trata de um jogo sem regras bem definidas, podendo ser regido muitas vezes por emoções eventuais, sentimentos imprevisíveis ou até mesmo pelos famigerados instintos mais básicos. Tentarei complementar essas ideias no próximo capítulo, a partir das noções de autoconhecimento e conhecimento dos outros.

9
CONHECIMENTO DE SI E DOS OUTROS

Os psicólogos corporativos (de recursos humanos, coaches, consultores) constantemente dizem que precisamos investir em autoconhecimento. Sabemos que isso significa ter conhecimento de si mesmo: conhecer as próprias forças e fragilidades, capacidades e incapacidades, virtudes e vícios, inclinações e aversões etc. Isso não deixa de ser uma recomendação muito acertada. No entanto, precisamos ter ciência de que o conceito de autoconhecimento se banalizou nas organizações, virando remédio para tudo, sem que as pessoas compreendam as problemáticas que o acompanham.

Com efeito, não é possível alcançarmos o autoconhecimento com facilidade, além de estarmos sempre correndo o risco de sermos enredados pela miragem do autoengano. Como discorre o economista Eduardo Giannetti, em seu livro *Auto-engano**, temos muita habilidade para contar mentiras: sustentamos a nosso respeito opiniões que quase nunca coincidem com a extensão dos nossos defeitos e qualidades. Nesse sentido, acabamos idealizando muitas fantasias a respeito de nós mesmos, como imagens oníricas que não condizem com a realidade. Por um lado, essas falsas imagens até trazem certo encanto às nossas existências, tornando a vida menos fria e dolorosa. Por outro lado, no entanto, elas distorcem completamente os fatos, fazendo-nos perder a dimensão real das coisas. O autoengano se torna, assim, um empecilho cabal para o autoconhecimento.

Até que ponto podemos nos conhecer? Em minha trajetória profissional, nunca ignorei o fato de que tendemos a simplificar essa questão. Nas organizações, difundimos a importância do autoconhecimento sem considerar os obstáculos e os desafios de toda ordem que o envolvem. Na

---

* GIANETTI, Eduardo. *Auto-engano*. São Paulo: Companhia das Letras, 2004.

verdade, falamos de autoconhecimento como se tivéssemos, a qualquer tempo, sem maiores esforços, de pronto, a plena capacidade de atingi-lo.

Para destacarmos aqui, rapidamente, pelo menos uma das dificuldades que envolvem o problema, podemos considerar este nível primário: o nosso eu não é um ente estático e definido. A nossa identidade é menos petrificada do que parece: ela é dinâmica, ganhando o tempo todo contornos novos. Notório é que a vida nos molda e nos transforma de uma forma imprevisível. Às vezes, diante de uma adversidade ou de uma situação inédita, surge em nós um comportamento que até então desconhecíamos, uma atitude inesperada, uma energia que não aparecia em nosso painel de autoconhecimento. "Nem sei de onde tirei tanta força e coragem", dizemos a nós mesmos.

É verdade que podemos encontrar em qualquer pessoa traços lineares e constantes. Por exemplo, o nosso caráter e o nosso estilo são, por assim dizer, marcas registradas. Aqui, aliás, cabe uma pequena distinção: o caráter é imutável, enquanto o estilo até se sujeita a certos aprimoramentos ou refinamentos. Esses traços, porém, não desmentem a indefinição ou a variação geral que caracteriza o nosso "eu", que é sempre vulnerável a reviravoltas. Isso justifica a necessidade de constantemente estarmos tentando reconstituí-lo por um esforço de autoconhecimento. Em outras palavras, conhecer a si mesmo é uma tarefa contínua: ninguém se conhece de maneira definitiva, todo autoconhecimento é eventual.

Entretanto, para enfrentarmos a pressão cotidiana, autoconhecimento não é tudo. Também precisamos conhecer os outros. Já dissemos que são válidas tanto as visões que temos de nós mesmos quanto as visões que os outros têm de nós. É que, num jogo interpessoal equilibrado, conhecer o que os outros pensam e dizem corresponde a uma oportunidade de extrairmos coisas importantes das opiniões alheias, como feedbacks construtivos, além de nos capacitarmos para a maturação da nossa própria identidade.

Ter conhecimento dos outros significa, mais propriamente, ter informações sobre os sentimentos que os outros têm a nosso respeito. A busca desse conhecimento não envolve o mergulho numa situação de bisbilhotice, tampouco em alguma preocupação excessiva com a opinião alheia, o que desequilibraria totalmente o jogo. Ela implica, na verdade, uma postura estratégica de altíssimo nível, regada por percepções diretas e indiretas, além de profundas reflexões sobre o campo da interpessoalidade. De fato, essa busca não deixa de ser uma espécie de mapeamento, funcionando o tempo todo como um sofisticado aprendizado.

Eis, então, o ponto no qual queria chegar como complemento necessário ao capítulo anterior: autoconhecimento e conhecimento dos outros são instâncias igualmente importantes. Ou seja, tanto a busca pelo autoconhecimento (que deve ser realizada de forma crítica, não sem considerar que podemos nos conhecer somente até certo ponto) quanto a busca pelo conhecimento dos outros (que também deve ser realizada de forma crítica, não sem considerar que podemos conhecer os outros somente até certo ponto) são processos essenciais para o combate da pressão nos ambientes corporativos.

Há um jogo natural entre a opinião que temos sobre nós mesmos e a opinião alheia. Precisamos saber como nos colocar nele. O autoconhecimento não é suficiente para resolver o *gap* entre como me vejo e como sou visto. Se não tivermos também certo registro sobre os outros, contendo os dados a respeito do que eles pensam e dizem, estaremos em situação de fraqueza, ficando no escuro e, portanto, sem a mínima condição de enfrentar a pressão. Tal jogo não tem regras bem definidas; todavia, com alguma dose de autoconhecimento e conhecimento dos outros, podemos nos sair bem.

Lembremos que as ferramentas de assessment, além de disporem de variáveis que mensuram, de certa forma, o comportamento dos profissionais em altas temperaturas, oferecem alternativas para orientar o profissional em suas demandas de autoconhecimento. A maior parte delas, diga-se de passagem, preocupa-se apenas em dimensionar as competências, trazendo-as para o nível da consciência. São raras as ferramentas que lidam direta e efetivamente com a questão do *gap* entre como me percebo e como sou percebido. E mais raras ainda são as que olham para este *gap* como um jogo que, em vez de ser negado ou eliminado, deve ser jogado.

Sabemos que a ideia de jogo é trabalhada diferentemente por diversos estudiosos. Cada um enfatiza esse ou aquele aspecto da questão, segundo arranjos temáticos e terminológicos muito peculiares. De qualquer forma, ela está sempre presente, o que nos permite considerá-la como uma ideia sempre fundamental.

Por exemplo, Robert J. Anderson e William A. Adams, autores do livro *Mastering Leadership**, sustentam que na vida corporativa sempre esta-

---

* ANDERSON, Robert J. e ADAMS, Willian A.. *Mastering Leadership*. New York: Wiley, 2015.

mos jogando dois jogos distintos: um, que acontece em nosso interior (*inner game*); outro, que se dá fora de nós (*outer game*).

Para esses autores — que são fundadores do projeto *The Leadership Circle*, um modelo de assessment e desenvolvimento de líderes baseado nos domínios da criatividade e do comportamento reativo —, ambos os jogos são essenciais.

O jogo interior consiste no jogo da nossa consciência, envolvendo a necessidade de aprofundamento e maturidade, enquanto o jogo exterior consiste em usarmos conhecimento técnico, habilidades gerenciais e competências de liderança para chegarmos aos resultados. É nesse jogo exterior, aliás, que a maioria dos líderes gasta o seu tempo, já que nele as demandas diárias são selvagens, sendo íngreme a curva de aprendizado.

Usando a temática e a terminologia de Anderson e Adams, podemos identificar que, nas organizações, os grandes esforços remetidos para a excelência em liderança focalizam somente o jogo exterior das competências em detrimento do jogo interior da consciência. O problema é que, em qualquer situação, aquilo que mantemos em nossa consciência tende a se manifestar como o verdadeiro agente que controla o jogo exterior:

Quando tentamos nos aprimorar em algo, seja no esporte, nas artes ou na liderança, precisamos fazer com que nossas competências práticas estejam mediadas por uma maturidade interior — o Jogo Exterior bem jogado é aquele que advém de um Jogo Interior evoluído.

Assim, enquanto não promovermos um equilíbrio entre esses dois jogos, remetendo esforços especiais para o jogo interior da consciência, será difícil determos qualquer nível de pressão.

10
UMA BREVE FILOSOFIA DO ERRO

A ideia de inovação é antiga, filha da Revolução Industrial. Na verdade, poderíamos regredir ainda mais e afirmar que o homem, desde que saiu da caverna para pescar e caçar, sempre foi desafiado pela necessidade de inovar. Mas o discurso e a filosofia da inovação genuína, isto é, aquela que pode ser comercializada, ganhou força a partir dos anos 1990, quando as montadoras japonesas de carro entraram no jogo, deixando efetivamente a sua marca. Desde então, falar de inovação no ambiente corporativo virou questão de vida ou morte para as organizações, em especial para aquelas que compõem a chamada economia criativa. Inovação é, enfim, o ponto nevrálgico do nosso tempo, o cerne do negócio, um estado de espírito.

Inovações podem ser disruptivas, quando dão origem a um produto ou a um serviço que cria um novo mercado, desestabilizando completamente os concorrentes. Mas também podem ser incrementais, quando envolvem a melhoria de um produto ou de um processo de produção, sem necessidade de alteração na estrutura industrial. Esses são termos que vêm mexendo com todas as carreiras profissionais, como aspectos capazes de deflagrarem incomensuráveis sucessos ou retumbantes fracassos.

O problema é que, para ser gerada, a inovação depende mais de pessoas do que de estruturas ou metodologias. Precisamente, ela depende de pessoas criativas, ousadas e impetuosas. O inovador é aquele profissional que soma a criatividade à capacidade de colocá-la em prática.

A demanda pela inovação é uma verdadeira panela de pressão. Daí que devemos incluí-la em nosso assunto. Inovar é — ou deveria ser — como respirar. Mas a competição deixa o ar rarefeito. Inovar é caro. Inovar envolve tentativas e erros — às vezes, muitíssimos erros. Por isso, a questão do erro é outro elemento que entrou para ficar na comunicação corporativa, tanto para dentro quanto para fora da organização. Virou obrigatório para a empresa ter um statement, uma posição em relação ao erro. Obviamente, por trás de tudo isso está uma grande dose de expectativa por resultados financeiros.

O fenômeno é tão notável, que até mesmo aquelas organizações que nunca haviam parado para refletir sobre a sua tolerância ou intolerância ao erro estão sendo forçadas a isso agora. A grande maioria delas descobre que há em suas culturas fortes traços de incapacidade de lidar tranquilamente com o erro. A atitude de condenação ao erro é muito comum nessas organizações. Algumas jamais se deram conta de que o erro costuma ser uma etapa inevitável do processo de inovação.

Mas o que é o erro, afinal? O erro é um problema para a filosofia e é debatido no âmbito da lógica, da ciência e da moral. Para o senso comum, o erro é uma inexatidão, uma impropriedade, um desregramento, algo mal calculado, mal pensado, um equívoco, um juízo falso. Errar, por mais que se diga humano, tem valor moral e estético inferior. Na maioria das culturas, quem erra é passível de punição, de castigo.

Entretanto, é este o ponto que procuro discutir aqui: a cultura da inovação, tão incensada pelo mundo dos negócios, está nos levando a refletir, com maior frequência e com espírito mais desarmado, sobre a questão do erro. E isso é bom.

O famoso "errar para inovar" é o grande ponto de inflexão. Esse pensamento parte do princípio de que, para inovar, é necessário sair do lugar-comum, testar coisas novas, fazer o que nunca foi feito. Certamente, essas atitudes que exploram o desconhecido nem sempre são bem-sucedidas em suas primeiras tentativas. O erro passa a fazer parte do processo. Daí ele passa a ser incorporado pelas culturas corporativas, até mesmo por aquelas mais intransigentes. Ora, se o erro faz parte de um processo fundamental do negócio e traz resultados pragmáticos mais cedo ou mais tarde, adquire ele, imediatamente, um novo status.

Esse fenômeno me parece interessante por um motivo bem simples: há uma crença difundida no senso comum de que o mundo dos negócios tende a corromper o nosso caráter e rebaixar o nosso espírito. Contudo, no caso do erro, que ajuda a inovar para trazer resultados, esse jogo é invertido. Até mesmo a sociedade como um todo acaba sendo mais tolerante à noção de erro por conta das novas práticas da administração.

No escopo dessas práticas, fala-se hoje em erro necessário. Principalmente nos ambientes criativos e no âmbito da economia digital criou-se a cultura do erro com propósito, como parte inseparável do processo de geração de riqueza. E é para esse ponto que é importante olhar: não para o erro em si, mas para o discurso sobre o erro. Ele nasce do discurso sobre a inovação. Ambos têm origem no seio da vida empresarial. Como vivemos uma boa parte do tempo da nossa vida dentro das empresas, acabamos contaminados pelo espírito desse discurso em vários âmbitos da nossa vida. Um exemplo: a palavra "tolerância" pode adquirir status de virtude nas relações trabalhistas; inversamente, a expressão "intolerância" pode ganhar ares de vício.

Noto, contudo, que muitas vezes esses discursos são proferidos como um mero elogio ao erro, como se o erro em si fosse todo o processo de inovação. Não é assim. Evidentemente, errar faz parte das operações que levam à inovação, mas fazer parte significa apenas compor o todo e não ser o todo propriamente dito.

De qualquer forma, o processo de inovação requer o erro honesto e não o erro desqualificado. A liderança não pode embarcar ingenuamente no elogio ao erro, tampouco colocar na conta da inovação qualquer erro desqualificado. A abordagem rasteira da relação entre inovação e erro pode se tornar a justificativa para todo o tipo de mau comportamento, além de alimentar práticas errôneas, insistentemente repetidas.

O erro demandado pela cultura da inovação não é um erro moral. Geralmente, é um erro técnico ou uma aposta equivocada. Ou ainda ambos juntos, em um só desastre. Steve Jobs, como se sabe, cansou de fazer apostas equivocadas, provocando risos com produtos estapafúrdios, como aquele célebre videogame chamado PipPin. Porém, os mais de vinte erros de produto que ele cometeu, que eram muitas vezes erros estupendos, foram necessários para que a Apple chegasse a ser o que ela é hoje. Os erros de Jobs foram típicos erros de inovação. Ele costumava dizer que podemos encarar um erro como uma besteira a ser esquecida, ou como um resultado que aponta para uma nova direção.

Mas como distinguir e qualificar os erros dentro das empresas? Penso que os gestores devem ter em mente três tipos de erro. Eles cruzam eventualmente a vida profissional de qualquer gestor. Na verdade, o que separa o líder que está preparado para lidar com a pressão daquele que simplesmente sucumbe a ela é a maneira de agir diante de cada um desses três tipos de erro.

O primeiro tipo é o erro técnico, que normalmente acontece devido a uma deficiência de formação, informação ou atualização do profissional. Numa agência de publicidade, por exemplo, um profissional de mídia pode pôr todo um trabalho criativo a perder quando erra. Mas é um erro técnico. Mostra apenas que ele não conhece seu papel. O que fazer com esse tipo de erro? Em qualquer empresa, o erro técnico deve ser francamente rechaçado pelo gestor. Não se trata de punir, necessariamente, a pessoa que errou, mas de treiná-la. Em última instância, a demissão só deve ocorrer quando o profissional, depois de ter sido oportunamente treinado e instruído, reincide várias vezes no erro.

O segundo tipo é o erro moral, o mau procedimento que infringe o código de conduta de uma organização. Imaginemos que, ao fazer o orçamento do ano, um gestor, conhecendo o potencial do mercado, estabeleça uma meta muito abaixo daquela que pode ser alcançada. Ele sabe que vai superar a meta facilmente. Deseja apenas fazer um polpudo bônus no final do ano. Trata-se de um erro moral. Noutro caso, imaginemos que um vendedor metido a hacker invada o arquivo de prospects de um vendedor da concorrência. Seu erro é uma trapaça, uma fraude que deve ser punida com demissão.

Há, porém, uma segunda classe de erro moral que pode render àquele que o cometeu uma segunda chance. Imaginemos que, ao cobrar um determinado relatório, um gestor humilhe um membro da equipe com palavras e gestos impertinentes, qualificando-o em bom tom como o mais perfeito incompetente. Trata-se de um erro moral. Mas, quando não se trata de comportamento recorrente, o gestor pode ser submetido a um coaching ou a algum tipo de programa de treinamento. Ele merece uma segunda chance. As organizações não devem abrir mão da ideia de recuperação moral e reinserção do indivíduo.

Por fim, o terceiro tipo é o erro com propósito inovador, aquele que pode ser tolerado dentro de uma empresa (não a qualquer preço). Imaginemos que uma empresa ouse investir num novo projeto. Em determinado momento, contudo, a aposta se mostra por algum motivo equivocada, exigindo ajustes ou até mesmo a desistência. De qualquer forma, o erro resultou de um propósito inovador.

No jogo da inovação, a pressão por resultados não raramente deve ser atenuada. Sempre que possível, acompanho relatórios de pesquisa de clima em grandes e médias empresas. Em muitos deles, os funcionários se queixam da intolerância ao erro, dizem que a empresa não investe em inovação, que eles não têm liberdade para experimentar, que tudo está condicionado aos resultados imediatos. Isso de fato acontece. Algumas empresas agem mesmo assim. São duras, pouco flexíveis, inibindo, com as suas cobranças imediatistas, a própria inovação.

Aqui, no entanto, precisamos olhar para o outro lado da questão. O caso abaixo nos ajuda a compreendê-lo. Quando observamos a história recente das empresas de mídia no Brasil, setor do qual tenho uma vaga noção, já que atuei por anos em agências de publicidade, notamos que uma ou duas dessas empresas investiram pesadamente em inovação digital. Os projetos, porém, foram colocados na mão de gestores despreparados, que queimaram muitos milhões de dólares em apostas equivocadas. É claro que os equívocos fazem parte do jogo da inovação, mas esses gestores deveriam ter identificado o momento de descontinuar os investimentos ou passado a bola para gestores mais preparados. Lembremos que Steve Jobs, tão logo observou que os Macintosh estavam afundando a companhia, saiu de cena, abrindo espaço para outras lideranças. Enfim, as empresas precisam reconhecer quando um erro é velho, isto é, um erro recorrente ou da mesma família dos anteriores. Em inovação, erro bom é erro novo, como se costuma dizer.

11
PARANOIA COM PROPÓSITO

Gosto de uma piada quando falo de paranoia. Diz a lenda urbana que um paciente de Sigmund Freud, o pai da psicanálise, gastava boa parte do tempo tentando convencer o psicanalista de que estava sendo perseguido. Freud constantemente argumentava que ele, o paciente, era paranoico.

O embate estava se prolongando por sessões e sessões a fio, até que um dia, notoriamente contrariado, o paciente admitiu:

— É, doutor Freud, acho que o senhor tem razão. Preciso admitir que ninguém está me perseguindo. Eu sou mesmo um paranoico.

— Isto é excelente para a sua análise. Você finalmente admitiu que é um paranoico! — disse o autor de *O mal-estar na civilização*, cheio de sua peculiar sobriedade.

Depois emendou:

— Porém, o fato de você ser paranoico não quer dizer que você não esteja sendo perseguido.

A pressão imaginária é uma paranoia e, como indiquei anteriormente, ela pode ser uma armadilha muito perigosa para a mente do profissional. Boa parte da pressão que carregamos nos ombros é fruto da nossa fantasia paranoica. Porém, isso não quer dizer que certos problemas não existam ou que alguma pressão considerável não seja um dado da realidade.

Paranoia é um termo técnico da psiquiatria que significa "delírio sistematizado". Ela engloba as formas crônicas de delírios de relação, ciúme e perseguição, tendo um claro componente obsessivo. A palavra vem do grego e, em síntese, significa "turvamento da razão". Ou seja, ela é uma forma de doença.

No mundo dos negócios, porém, o termo ganhou repercussão e aderência quando Andrew Grove, que é o nome americano do húngaro András István Gróf, fundador da Intel, decidiu contar a sua experiência profissional como CEO. O livro que contém essa experiência é o best-seller *Só os paranoicos sobrevivem**. Lançado em 2009, o texto foca o momento em que a sua companhia resolveu abandonar o mercado de chips de memória — que se tornava na época uma commodity — para se dedicar a algo mais promissor e disruptivo: os microprocessadores.

Na obra, Grove faz a defesa de uma cultura paranoica, em busca dos sinais que o mercado dá quando uma mudança abrupta e profunda está por vir. Essa busca tem por objetivo identificar as crises, para que as empresas (negócios) e os profissionais (carreiras) possam tirar proveito delas. A solução é manter olhos e ouvidos a postos diante de qualquer ruído que represente um "ponto de inflexão estratégica", mudanças que ocorrem no mercado com "força 10x" — ou seja, aproximadamente dez vezes mais fortes do que os impactos normais —, capazes, portanto, de transformar totalmente o mercado.

Manter as empresas em permanente estado de vigília — leia-se constante pressão — é algo que transforma os seus funcionários (notadamente a sua liderança) em paranoicos militantes. O pre-

* GROVE S., Andrew. *Só os paranoicos sobrevivem*. São Paulo: Futura, 1997.

ço pode ser alto, pois o estado paranoico muitas vezes gera dor e angústia, mas as recompensas tendem a valer a pena — como valeram no caso da Intel.

Embora paranoia indique uma doença e tenha evidentemente uma conotação negativa, é preciso admitir que, no mundo das organizações, nem toda paranoia é ruim. Quando ela tem um propósito, torna-se uma tática bastante útil e legítima, tanto para a gestão de negócios quanto para a gestão de pessoas. A área de recursos humanos, aliás, pode fazer bom uso dela.

Se a proposta de Grove era incutir no comportamento da liderança uma mentalidade de cão farejador, visando buscar oportunidades para lançar produtos complementares aos produtos já existentes no setor de informática, em nosso caso a proposta está ligada, mais propriamente, à ideia de prevenção, antecipação de problemas. Nesse sentido, a paranoia se torna uma arma contra a pressão ou, pelo menos, contra o aumento da pressão.

Trata-se, em outras palavras, de desenvolver nos gestores e na liderança em geral uma estratégia preventiva (antichamas), em vez de deixar florescer aquela velha e equivocada cultura do bombeiro. Uma organização ganha muita energia quando a sua força de trabalho e a sua inteligência agem previamente, evitando que o fogo apareça. É uma cultura diferente da do bombeiro, que deixa prevalecer o comportamento do "bota o plano de ação na rua, pelo amor de Deus!" quando as labaredas já se alastraram e todos estão desesperados.

Certa vez, presenciei o seguinte diálogo entre um CEO e um de seus vice-presidentes:

— Não se preocupe, chefe, eu sou um excelente bombeiro! — disse o VP, sinalizando ao CEO que ele apagaria o incêndio que já estava consumindo toda a organização, incêndio caracterizado pela iminente perda de um dos mais importantes clientes.

O CEO, investido de uma surpreendente sobriedade, proferiu então uma resposta que guardei para mim como um dos mais relevantes ensinamentos da boa administração. Seco, ele replicou:

— Então temos um problema! Porque nós precisamos de um vice-presidente de vendas, não de um bombeiro!

O que o CEO esperava do vice-presidente era uma verdadeira atitude antichamas, não a prontidão para pilotar escadas Magirus.

Mas o que significa atitude antichamas?

Imaginemos que uma pessoa tenha o costume de, antes de se deitar, checar inúmeras vezes se todas as portas estão fechadas. Isso pode ser visto como um comportamento paranoico; contudo, dificilmente essa pessoa será vítima de ladrões oportunistas. Pensemos também naquele sujeito que, antes de viajar, verifica dez vezes se os botões do fogão estão desligados, se os eletrodomésticos não apresentam fios desencapados, se não há líquido inflamável guardado de forma inapropriada. Ao voltar de viagem, dificilmente ele encontrará a sua casa destruída pelo fogo.

Imaginemos agora o ambiente de uma empresa paranoica. Um chefe de departamento verifica se as metas da semana, do mês ou do ano são realmente factíveis. Um profissional de vendas checa minuciosamente se os pedidos dos clientes estão chegando ao destino dentro do prazo. Uma secretária confere previamente se a apresentação em PowerPoint é mesmo compatível com a linguagem do datashow que está na nova sala de reunião. Essa empresa dificilmente viverá o desespero de tentar conter as labaredas do fogo.

Embora muitos possam considerar esses comportamentos excessivos, uma coisa é certa: as chances de seus personagens enfrentarem um incêndio são sempre menores. Eles têm comportamentos que compõem uma paranoia com propósito.

Brincadeiras à parte, o que observamos, principalmente em momentos de grande pressão, é uma atuação direcionada para apagar o incêndio, atitude combinada e posta em prática às pressas, recheada por grandes doses de agonia, visto que a destruição já mostrou a sua face. Ora, gestores não são bombeiros, não devem correr atrás de labaredas! O fato de eles, como atores obedientes, interpretarem esse papel no atual drama corporativo se deve a uma distorção inconcebível: em vez de anteciparem possíveis situações de fogo, esperam que o fogo inicie a destruição, para só então, com muita ou pouca competência, tomarem as devidas providências.

Acredito que melhor do que ser bombeiro, melhor do que investir energias para desarmar bombas ou apagar incêndios, é ser paranoico, antecipando os problemas. Isso se faz dando à paranoia um propósito, o de ser uma ferramenta capaz de funcionar como uma antena, localizando previamente os focos de pólvora e as regiões muito vulneráveis ao fogo.

Funcionários paranoicos antecipam problemas com soluções, em vez de tentarem resolvê-los quando o caos já se encontra instaurado. Na

Intel, os paranoicos eram municiados com poderosas ferramentas de construção de cenários e uma invejável estrutura de fontes e tratamento de informações advindas de pesquisas, *benchmarks* e imersões.

Em lugar de dedicarmos o nosso tempo no treinamento de uma equipe de bombeiros, que tal trabalharmos para a construção de uma verdadeira estratégia antichamas? Em lugar de orientarmos as nossas equipes para a tarefa de responder chamados de emergência, que tal construirmos uma equipe paranoica?

Para criarmos, dentro de uma organização, esse comportamento antichamas, devemos promover uma mudança cultural: substituir a cultura do bombeiro pela cultura do paranoico. Precisamos fazer com que a população da empresa, a começar pela liderança, compre a ideia da paranoia com propósito, aprendendo a antecipar os disparos da pressão.

O problema é que nem todos os profissionais têm a competência da antecipação, tampouco podem adquiri-la com facilidade. A atitude antichamas ou exercício da paranoia com propósito são atributos típicos daqueles profissionais que, por terem enfrentado muitas vezes situações altamente complexas, por terem conseguido resolvê-

-las pela antecipação de seus efeitos nocivos, ostentam agora um repertório sólido, baseado em suas próprias experiências.

Então, o que as organizações e os profissionais podem fazer para dispor desse repertório, dessas experiências? Paradoxalmente, podem recorrer a uma estratégia preventiva muito usada na corporação de bombeiros: a preparação pela simulação.

Tomemos como exemplo de simulação um procedimento comum na DuPont, empresa norte-americana que constantemente promove treinamentos *off-site* com os seus funcionários. "Sempre que, devido a um treinamento, hospedávamo-nos num hotel", lembra um ex-executivo da empresa, "éramos obrigados a contar os passos que separavam o nosso quarto e a saída de emergência mais próxima". Segundo ele, esse comportamento era metódico e se repetia com todos os envolvidos, não importando o nível hierárquico. "Qual é a lição que eu tirei disso?", pergunta-se o ex-funcionário da gigante da química. "Caso acontecesse alguma coisa, eu estaria preparado!", responde ele.

É esse o sentido de estar preparado. Não significa apenas estar em estado de alerta, mas ter à disposição os elementos ou os dados necessários para tomar a melhor decisão numa situação de pressão. No caso da DuPont, todos os funcionários em treinamento conheciam exatamente a distância entre o quarto e a saída de emergência. Conheciam o local com grande perícia. Portanto, estavam preparados para uma fuga inteligente caso o hotel pegasse fogo.

Enfim, talvez seja necessário explicar que, neste capítulo, estivemos no âmbito forte das metáforas. A nossa resistência ao perfil do bombeiro, por exemplo, não é de forma alguma uma resistência ao bombeiro real, aquele profissional que atravessa as ruas da nossa cidade com grande destreza, cumprindo missões muitíssimo dignas com as suas mangueiras d'água. O que nos incomoda é apenas a cultura do bombeiro dentro das organizações. Do mesmo modo, não ignoramos os aspectos terríveis da paranoia como doença mental. Apenas fizemos uso do termo, destacando que, como tática consciente, a paranoia com propósito é um excelente meio para a antecipação de problemas.

12
OUVIR SEM AGENDA

Um ambiente cheio de pressão se deve, em boa parte, a dificuldades de comunicação. Tais dificuldades comumente têm origem num aparente traço natural dos seres humanos, a saber, certa inaptidão para ouvir adequadamente o outro.

Tudo indica, aliás, que a era digital acentuou essas dificuldades. Somos tragados cada vez mais pelo brilho solitário das telas. Até mesmo quando estamos conversando frente a frente com outras pessoas é comum não estarmos olhando de verdade para elas ou não estarmos totalmente conectados com o que elas estão nos dizendo. Por vezes, executamos simultaneamente outras atividades — no smartphone, por exemplo.

Não é preciso uma reflexão muito ampla para concluir que a vida contemporânea — a despeito de suas espetaculares invenções — traz desafios de outra ordem à comunicação. O mais espantoso é a forma com que, tanto no ambiente doméstico quanto no ambiente profissional, tentamos amenizar os problemas. Substituímos muitas vezes a espontaneidade por interações artificiais, dotadas de certo mecanicismo, especialmente nos ambientes de trabalho.

Por exemplo, a maioria das empresas institucionalizou o dispositivo de feedback da seguinte forma: ele ocorre num momento ou num programa específico, com hora marcada, com tempo para começar e acabar e, o que é crítico, com um roteiro muito pontual a ser seguido. Não digo que, num ciclo de avaliação de desempenho, certa formalidade não deva ser seguida. Digo apenas que o artificialismo começa quando essa formalização mina toda a cultura da conversa, da divergência, do feedback natural, espontâneo, colocado organicamente na roda comum dos relacionamentos.

Essa artificialização dos feedbacks, se assim podemos chamar tal fenômeno, decorre em grande medida da negligência ou da falta de interesse que os profissionais de recursos humanos, bem como os gestores de um modo geral, têm em relação a essa coisa muito simples e poderosa: ouvir.

Sim, é verdade que vivemos na era do fazer já em beta, do agir mais e refletir menos, do "bom o suficiente". O extraordinário avanço tecnológico nos traz recursos eficientes. Eles garantem que conceitos como tempo real e mobilidade façam parte do cotidiano das corporações e impulsionem os negócios. Não precisamos estar o tempo todo olhando nos olhos dos nossos interlocutores para avançarmos com as nossas atividades.

Tomemos, por exemplo, o caso das mensagens instantâneas, que nem são tão novas assim, mas que vêm sendo cada vez mais usadas, difundidas e propagadas, até mesmo pelas grandes empresas. Hoje já existem redes de venda e revenda, rede de projetos, mas também de outros empreendimentos virtuais, cujas equipes, incluindo os seus líderes, simplesmente nunca se viram: realizam todas as transações num grupo corporativo do WhatsApp. Há nisso um fluxo frenético de ações e reações — sem que alguém esteja, de fato, com o rigor da expressão, ouvindo alguém. É como se todos estivessem num processo apenas intuitivo.

O melhor argumento a favor do uso da mensagem instantânea é a facilidade que ela proporciona. Podemos nos comunicar rapidamente com os colegas de trabalho. Podemos receber e enviar relatórios durante uma reunião. Podemos ser localizados em casos de urgência. Podemos resolver questões cotidianas ou familiares no exato momento em que estamos participando de uma conferência internacional, seja em Boston, Londres, Moscou ou Pequim.

É interessante notar que, na maioria das vezes, a mensagem instantânea é usada como um acessório paralelo de algum outro meio eletrônico: telefone, e-mail ou videoconferência. Ora, é exatamente isso o que obriga o usuário a ter a sua atenção voltada a dois ou três assuntos simultâneos. Se você não é um adepto da tese de que devemos ser multitarefeiros, pode concordar com o seguinte: estar o tempo todo lidando com assuntos simultâneos conduz à dispersão, o que resulta em baixa produtividade.

Certamente haverá aqueles que perderão produtividade no trabalho ao se conectarem o tempo todo. E, por outro lado, haverá aqueles que poderão ser tachados de incompetentes ou analfabetos digitais por não conseguirem responder a uma solicitação em tempo real e online.

Outros, no entanto, serão capazes muito bem de, ao mesmo tempo, responder a uma mensagem instantânea de um colega de trabalho, trocar algumas palavras com o filho ou com a filha por um programa similar, manter uma conversa ao telefone sobre um assunto crítico e tomar um cafezinho — tudo isso sem perderem a eficiência e o bom humor. Estes são a exceção — e não a regra. Mas uma equipe, um time, do ponto de vista de pessoas, recursos humanos, não se constrói pela exceção. A exceção apenas enriquece, produz diversidade, oxigena.

Já me flagrei na seguinte situação: eu estava ao telefone com um executivo, discutindo uma questão realmente importante, os detalhes de uma proposta de trabalho. Comecei a ouvir, ao fundo, alguém teclando furiosamente. Levei algum tempo para perceber que esse alguém era o meu próprio interlocutor, que respondia, ao mesmo tempo, a uma pergunta complexa formulada por seu colega de trabalho; colega que, por sua vez, estava numa reunião na sala ao lado.

Será que estávamos de fato nos ouvindo? Como seria possível ele estar tão concentrado em duas atividades? Ainda que ele fosse um multitarefeiro, desses que conseguem fazer dez coisas ao mesmo tempo, não havia na situação uma nítida negligência? Quais são, afinal, os limites dessa nova etiqueta social na qual tratamos uns aos outros como paredes? Parece que temos a obrigação de estarmos sempre disponíveis apenas porque estamos conectados a uma rede.

A inaptidão para nos ouvirmos adequadamente está agora superpotencializada pela cultura digital e pelo ritmo acelerado dos negócios. Nunca se falou tanto em valorização das pessoas, nunca se alardeou tanto as pessoas como sendo o principal ativo das organizações. No entanto, nunca fomos tão indiferentes nas relações profissionais, nunca fomos tão displicentes nas situações de comunicação.

Evidentemente, o meu ponto de vista não passa por um ingênuo desprezo à tecnologia, tampouco pela defesa do romantismo corporativo, aquele que também atende pelo nome de Felicidade S.A. Quero apenas acentuar os desafios que hoje se apresentam. E a minha questão é precisamente a seguinte: dentro de uma organização, a indiferença comunicacional entre as pessoas é produtiva ou improdutiva, é boa ou é ruim para o negócio?

Em seu extraordinário blog *The corner office*, conforme publicado em março de 2015 no site do *The New York Times*, o jornalista e escritor norte-americano Adam Bryant realizou uma incrível entrevista com Joel Peterson, chairman da JetBlue Airways e fundador da Peterson Partners. A entrevista abordou se a boa administração e os bons resultados advêm da capacidade auditiva do gestor. Na opinião de Peterson, saber ouvir é a chave para gerir bem um negócio, sem importar o tamanho desse negócio nem a quantidade de gente envolvida nele.

— O que faz para que as pessoas confiem no senhor? — pergunta Bryant.

O líder da JetBlue responde longamente:

— Creio que o principal motivo de confiarem em mim é a minha disponibilidade para ouvir. Sou de fato um bom ouvinte. Não se trata de uma técnica. Tenho interesse genuíno pelo que as pessoas têm a dizer. A confiança é um subproduto dessa atitude. Se você é autêntico, aberto e dá às coisas o nome que elas de fato têm, se você é direto e ouve direito, então você desenvolverá a confiança naqueles que trabalham com você. E você não deve ter uma agenda. Quando você tem a sua própria agenda ao ouvir, o que de fato está fazendo é formulando a resposta, e não processando o que a outra pessoa está dizendo. Você tem que estar lá de corpo e alma. Se você tem a necessidade de se impor ou a necessidade de ser ouvido, então você acaba desvirtuando todo o processo. Mas se você estiver à vontade consigo próprio a ponto de conseguir entrar no mundo do seu interlocutor, então isso gerará confiança.

Peterson sintetizou, assim, em algumas palavras, na conversa com Bryant, uma ideia que eu sempre alimentei em minhas reflexões acerca das dificuldades de gerir pessoas: ouvir sem agenda.

É claro que seria irrealista supor que temos todo o tempo do mundo e que podemos passar horas e horas ouvindo uma pessoa sem estabelecer uma pauta, uma agenda mínima que seja. Na vida corporativa ou na pessoal, o ponteiro do relógio não para. E é bom mesmo não negligenciá-lo. Por isso, ouvir sem agenda não significa de forma alguma deixar a conversa correr solta, sem hora para começar ou terminar. Portanto, não estou falando de conversa inoportuna nem de conversa sem fim. Minha ênfase recai sobre certa disponibilidade natural, o exercício da não negligência com o interlocutor, a autenticidade dos gestos — com mais qualidade e menos quantidade.

Há alguns autores que diferenciam ouvir e escutar. Ernesto Berg, em *O livro das relações humanas**, diz que escutar é uma das melhores

---

* BERG, Ernesto. *O livro das relações humanas*. Curitiba: Juruá, 2014.

maneiras de demonstrar interesse pelos outros e estabelecer relacionamentos profícuos:

> Confundimos escutar com ouvir. Ouvimos sons, ruídos, chiados, vozes, barulhos, mas não estamos, de fato, atentos a isso. Em geral só escutamos 25% do que ouvimos, e os restantes 75% são eliminados. Escutar significa prestar atenção. Quando escutamos, isto é, prestamos atenção, somos capazes de entender melhor quem a pessoa é, sua forma de pensar e agir.

Independentemente do uso dos termos (ouvir ou escutar), estamos todos nos referindo a uma habilidade que precisa ser desenvolvida. Explico que acrescento ao termo "ouvir" a expressão "sem agenda", o que faz com que eu esteja defendendo a mesma coisa desenvolvida por Berg em relação ao termo "escutar". Trata-se de ouvir as pessoas sem artificialismos: com boa-fé, de corpo e alma, pra valer, atentamente, num real envolvimento. Essa habilidade é uma das competências mais importantes. Dela dependem a resolução efetiva de conflitos e a construção de sintonias proveitosas no ambiente de trabalho.

13
A ESTRATÉGIA DA SALA AZUL

As organizações, de um modo geral, não ignoram os altos níveis de pressão que atingem os seus empregados, investidores e fornecedores. Principalmente as empresas de serviços, que em grande parte se caracterizam pelo intenso e desgastante contato entre funcionários e clientes, têm optado pelas famosas salas de descompressão, que são conhecidas como ilhas artificiais de conforto ou salas azuis.

São espaços criados para que os funcionários possam se afastar momentaneamente da pressão causada pela rotina dos processos ou pelas altíssimas demandas de entregas de alta performance. Normalmente, são salas repletas de pufes e mesas de jogos, como pinball, pebolim e sinuca, com paredes pintadas em cores pastel, ostentando gravuras de pop art. Em alguns desses espaços, aromas supostamente relaxantes, como incensos ou lavandas silvestres, perfumam o ar. Em outros, esbanjam-se videogames, livros de poesia e TV. Há ainda aquelas salas que mantêm bancadas com frutas orgânicas e castanhas nobres. Sim, combater a pressão é tarefa dispendiosa.

Monta-se todo um aparato voltado para descontrair a mente extenuada dos funcionários. Os espaços são projetados para que as pessoas permaneçam neles por algum tempo, dez ou quinze minutos, para depois voltarem devidamente revitalizadas para as suas baias. Tem-se, assim, certa cultura de descompressão.

Muito usadas em call centers — onde, por enfrentarem os mais diversos tipos de clientes, os atendentes acabam meio enlouquecidos —, as salas de descompressão são táticas pontuais que o RH vem adotando nos últimos anos para manter a produção sob controle. Elas variam de acordo com a cultura de cada empresa: umas são mais liberais, permitindo até jogos de cartas, como pôquer, enquanto outras são mais conservadoras, proibindo determinadas atividades e o uso de bermudas. Além de acalmarem ou relaxarem o estado de tensão causado pelo forte estresse profissional, tais salas visam criar ambientes propícios à interação, tanto dos funcionários em geral quanto das equipes em particular.

Essas salas de descompressão se distinguem um pouco daqueles projetos que procuram emular um ambiente descontraído, em empresas como o Google ou startups do Vale do Silício, quando há pretensões de cunho estratégico e não apenas tático. Naqueles grandes projetos de descontração, não há salas simplesmente decoradas e pensadas para serem "zen", mas um amplo projeto arquitetônico que busca criar, no ambiente de trabalho, algo que não difira muito dos ambientes comuns de lazer ou dos ambientes domésticos (daí que a sua decoração por vezes faça lembrar o quarto de um adolescente grunge). Num ambiente como o do Google, o cunho estratégico se define pela crença de que ali as pessoas ficam mais satisfeitas e integradas, produzindo com mais qualidade, o que implica melhores resultados.

Acredito que as salas de descompressão sejam válidas. E até vejo com simpatia a arquitetura de galpão das *startups*. Porém, desconfio de sua real efetividade. No caso das salas de descompressão clássicas, tal como as descrevi, a iniciativa parece mascarar o fato de que os problemas cotidianos, se não resolvidos, vão junto com os funcionários para a tal sala "zen". No segundo caso, o desejo de produzir, pela decoração, certo ambiente visto como social ou doméstico parece um pouco de paixão pelo autoengano ou de tendência para o artificial.

A meu ver, as verdadeiras salas de descompressão estão em nossas próprias cabeças. Em nossa mente, hospedam-se os mais efetivos meios e modos de descompressão. Em outras palavras, podemos dizer que os melhores ambientes de trabalho resultam de uma cultura que nasce de dentro para fora — e não de fora para dentro. Ou seja, as melhores armas para combatermos a pressão vêm de nossas competências psicológicas — que, aliás, podem e devem ser desenvolvidas.

Por que as pessoas se sentem tão pressionadas no dia a dia? Por que elas precisam ser mandadas para uma sala de descompressão? Em boa parte, o problema decorre de uma reação desproporcional, por exemplo, diante de um pedido ou de uma ordem do chefe. A pessoa se sente tão ameaçada e comprimida por uma entrega que terá de fazer, que mal consegue analisar o que de fato está sendo solicitado pelo chefe.

Geralmente, o aspecto mais atemorizador do pedido ou da ordem do chefe é o prazo, esse gatilho da pressão. “Não vai dar”, “Já tentamos isso antes e não funcionou”, “Eu conheço bem a nossa empresa: não conseguiremos” — eis algumas das expressões que denunciam o espírito defensivo daqueles que são colocados ou que se colocam sob pressão. É claro que esse espírito defensivo comumente retorna como pressão ao emissor do pedido ou da ordem, isto é, o chefe. Sim, o funcionário defensivo e inflexível representa uma tremenda dose de pressão para o chefe.

Neste ponto, porém, pedimos licença ao leitor mais sofisticado, pois precisamos recorrer, nas linhas abaixo, a certo catálogo de obviedades, incluindo recomendações básicas para as reações emocionais. Essas obviedades, no entanto, envolvendo aspectos de comportamento e de relacionamento, não deixam de ser mais proveitosas, pelo menos do ponto de vista prático, do que os artifícios de uma sala azul.

Diga-se já que, diante de uma demanda estressante, a alternativa mais eficaz e funcional é juntar as forças do corpo e da mente para derrotar a pressão. Pelo lado do corpo, respirar fundo é mais libertador e providencial do que passar a tarde inteira jogando pebolim ou vendo gravuras de pop art nas paredes de uma sala. Pelo lado da mente, desenvolver a habilidade da negociação e da argumentação pode ser não só um antídoto poderoso contra a pressão como também uma oportunidade de crescimento profissional.

Respirar fundo, em vez de ter uma reação atabalhoada ou nervosa, impulsionada pelo fígado, é sempre a melhor alternativa — e evita pressões futuras. É o caso daquele e-mail que pensamos em mandar intempestivamente toda vez que somos contrariados ou desafiados por um par ou chefe. A cautela e a temperança não são lendas: elas funcionam mesmo.

Quantas demissões, quantas movimentações desvantajosas para funcionários e empresas ocorrem diariamente devido à intempestividade que a pressão deflagra? Muitas, por certo. Por isso, acho que, no momento de raiva, podemos até escrever aquele e-mail agressivo que pretende detonar o nosso detrator e toda a sua turminha, desde que deixemos para enviá-lo somente depois. Quando a cabeça estiver mais fria, quando o medidor de pressão já tiver abaixado o ponteiro, poderemos reconsiderar o problema com sobriedade. Não raramente, quando a poeira abaixa, desistimos de entrar no jogo dos revides.

No caso das demandas colocadas pelo chefe ou por um colega de outra área, respire fundo. Procure entender exatamente o que está sendo solicitado. Faça perguntas. Você precisa se certificar se o prazo é aquele mesmo ou se há alguma possibilidade de margem, alguma flexibilidade. Pergunte se a entrega pode ser dividida em duas ou três etapas, por exemplo.

Normalmente, quando algo é demandado pelo chefe com prazos e expectativas irrealistas é porque ele mesmo está sob pressão. Chefes pressionados tendem a pressionar toda a organização, disseminando o caos. Não tenha receio em dialogar com ele, propor alternativas. Aproveite os momentos difíceis para criar nele uma confiança e até mesmo certa dependência do seu bom senso. Ele poderá em algum momento perceber a sua capacidade de receber demandas complexas sem se deixar fustigar demasiadamente pela pressão que elas trazem. Assim, você estará construindo uma zona de conforto para o seu chefe, como recomenda William Smullen, autor do engenhoso livro *O queridinho do chefe*[*].

* SMULLEN, William. *O queridinho do chefe*. São Paulo: Editora Gente, 2015.

14
OS CRIATIVOS NA PRESSÃO

Diz-se que em momentos de crise é preciso ter criatividade com responsabilidade. A referência à necessidade de responsabilidade parece dizer mais respeito ao controle de custos. Mas não só isso. A ideia também está fortemente ligada a uma tática organizacional que procura evitar que os criativos e inovadores se isolem, criando uma cultura à parte.

Por trás do movimento da criatividade com responsabilidade está um pouco de acomodação e preguiça. Afinal, gerir criativos responsáveis ou, em outras palavras, criativos domesticados, dá muito menos trabalho do que gerir aquele talento destemido que o negócio de fato precisa. Para o RH, o desafio é deixar a criatividade imperar, sem que isso se desdobre num caos administrativo.

Por eu ter me desenvolvido profissionalmente mais em serviços e economia criativa — e em função disso ter convivido com os criativos e seus processos —, o assunto sempre despertou o meu interesse. E não levei muito tempo para concluir que isso devia ser do interesse de toda organização, sobretudo daquelas que se inserem na chamada economia criativa.

Se a dose de responsabilidade que se pede for grande demais, a criatividade pode entrar em colapso. Essa severidade não é rara nem incomum. Num exemplo, tenha-se em mente que, do recrutamento e seleção à avaliação de desempenho, todos os processos de RH são orientados no sentido de só trazer gente integrada para dentro da organização e de só avaliar bem os adaptados.

A meu ver, gerir profissionais criativos impondo-lhes demasiadas regras vai justamente contra os mecanismos livres da imaginação e da criatividade. Pior: vai contra a tomada de decisão corajosa. Afinal, para se decidir com ousadia e coragem é preciso, mais do que se costuma pensar, uma liberdade de imaginação criativa.

Os departamentos de criação e os laboratórios de inovação, como áreas corporativas, não devem, de um modo geral, ser mais ou menos responsáveis do que as demais áreas. Além disso, penso que os mecanismos e ferramentas de controle devem ser funcionais, amigáveis e pouco burocráticos para todos, inclusive para os criativos, inovadores e empreendedores corporativos.

O ponto-chave dessa questão é o cuidado que devemos ter para que, em meio a toda a pressão, as áreas de criação, inovação e novos produtos não se transformem em atormentados departamentos de reação. O cuidado serve para que, na busca de criatividade com responsabilidade, não acabemos apenas por responder às demandas pontuais, sem inovar, sair do lugar-comum, propor soluções que transcendam o que o cliente espera. Alias, não devemos jamais nos distanciar daquele velho clichê que envolve inovação: os grandes momentos disruptivos e as grandes melhorias ocorrem como surpresas para os clientes. Em boa parte, o que transforma um produto num sucesso é o fato de ele ser totalmente diverso daquilo que o seu público esperava.

Ideias originais e criativas são valiosíssimas em tempos de alta pressão. Elas podem ser o diferencial junto a um cliente, ou até mesmo o ponto de partida para soluções inovadoras. Nesses cenários, a pressão da economia desfavorável já exerce uma influência decisiva, impactando os profissionais criativos. Se colocarmos sobre eles uma carga extra, pedindo que atuem conforme muitas regras preestabelecidas, podemos gerar o efeito inverso: ausência de criatividade. A carga extra, nesse caso, acaba inibindo as iniciativas que poderiam ser a injeção que o negócio precisa.

Zelar para que os departamentos de criação e inovação não sejam apenas reativos é uma atitude que não deve se limitar às empresas da economia criativa. Afinal, os profissionais criativos estão em todas as áreas e em todos os negócios, sendo partes essenciais de diversas etapas do ciclo de produção — do planejamento à aferição dos resultados.

Diante disso, é essencial que a gestão, em especial a área de recursos humanos, saiba ouvir os criativos. A necessidade de ouvi-los se deve a um ponto importante: é um imperativo ter sensibilidade, administrando com equilíbrio tanto os valores da organização quanto os valores estéticos das comunidades criativas e empreendedoras que se instalam dentro dela.

Obviamente, esse equilíbrio entre os valores deve ser buscado desde o momento da contratação. Não é devido, a princípio, contratar pessoas, criativas ou não, que tenham valores muito díspares dos valores da organização, do mesmo jeito que não é devido contratar pessoas, criativas ou não, que sejam exatamente espelhos da cultura da empresa. A busca do equilíbrio diz respeito à possibilidade de um lado arejar o outro como num diálogo ideal, aquele no qual entramos de um jeito e saímos de outro — de preferência, mais ricos e modificados.

Por último, preciso considerar um aspecto vital. Há quem defenda, com bons argumentos, que a boa gestão de pessoas não deve distinguir, pelas políticas e processos, os criativos dos comuns. Essa corrente defende a ideia de que os criativos tendem, neste caso, a se organizar em feudos dentro da estrutura organizacional, criando no ambiente corporativo aquela conhecida postura do "nós contra eles". Sustento, ao contrário, que a tendência natural de nos organizarmos em tribos deve valer também nas organizações, o que não implica necessidade de políticas e processos distintos para cada tribo.

15
COMO RETER TALENTOS NA PRESSÃO

As organizações sabem que o seu verdadeiro patrimônio sai pela porta do escritório todas as noites para retornar no dia seguinte. Só que, às vezes, alguns dos profissionais que compõem esse patrimônio não retornam. Por isso, a necessidade de retenção dos talentos se tornou, nos últimos anos, uma das maiores fontes de pressão para a área de recursos humanos.

Acredito que por trás das cobranças está uma série de mitos que precisam ser conhecidos e debatidos. Para começar, há o mito do RH Herói, aquele que se coloca voluntariosamente como o único protagonista da retenção de talentos. Ele busca, de maneira solitária e muitas vezes atabalhoada, resolver um problema que, em primeira instância, é do gestor.

É verdade que o RH Herói tenta camuflar o seu heroísmo elaborando dispendiosos planos de ação que se baseiam no atendimento de supostos anseios dos talentos. Assim, esmera-se em propor melhoria dos benefícios, formular uma política de bônus mais agressiva, defender a instauração do day off e do casual day, refinar a meritocracia, implantar salários afetivos ou sentimentais por meio de programas como o "Café com o Presidente", criar prêmios técnicos e uma série de outras medidas congêneres. De certa forma, esses programas e medidas, visando algemar os talentos à organização, são apenas fórmulas populistas. Afinal, não é preciso muito esforço para constatarmos que por vezes elas falam mais pelo endomarketing do que propriamente pela consistência de suas propostas.

Raramente essa maneira de fazer gestão de pessoas traz os resultados desejados. A pressão acaba aumentando. E não é difícil entender o motivo prático, mais imediato. A manutenção desses programas e medidas, como políticas de retenção cada vez mais amplas, demanda um considerável volume de investimentos. Quando investimentos desse porte não revelam os resultados esperados, os responsáveis pela gestão do capital humano e financeiro entram na mira de uma pressão ainda mais feroz e elevada.

Fustigados pelas cobranças e, ao mesmo tempo, pela falta de resultados do seu heroísmo, os profissionais de RH buscam então fazer a lição de casa. Por meio de pesquisa de clima, grupos focais e até entrevistas individuais, se esforça para entender com clareza o que, afinal, querem os talentos. E, a partir desse diagnóstico, recomeça-se o ciclo, redesenhado e redefinido: uma avalanche de programas e medidas dotados agora de mais inputs da cultura dos Millennials. O que encantou, por exemplo, aquele profissional de RH durante a sua visita de *benchmark* a uma *startup* do Vale do Silício é imediatamente incorporado às políticas de remuneração e reconhecimento da companhia. Ao fim desse esforço, lá está o RH se colocando outra vez na trilha do heroísmo solitário.

O que fica à margem de todo esse processo é exatamente aquilo que mais deveria estar no centro dele, a saber, a sagrada interlocução entre o talento e o seu gestor. Não é preciso muita sagacidade para se perceber que o RH não deve se responsabilizar pela gestão direta dos talentos. Não por coincidência, desde a década de 1990, as organizações que obtêm os melhores resultados são justamente aquelas que aprenderam a aumentar o escopo do gestor, atribuindo-lhe funções e preocupações que, no passado, eram assumidas pelas chamadas áreas de suporte, como é o caso típico do RH.

É sabido que, dentro das empresas, são os gestores do negócio os profissionais mais indicados para entenderem os anseios, angústias e expectativas dos melhores talentos. Por conseguinte, são eles os mais indicados para atuarem no papel de guardiões do celeiro de talentos. O problema é que pouca coisa é mais estressante do que gerir talentos. Tornar essa tarefa menos árdua, sem que isso signifique tirar dos gestores a parcela de responsabilidade (ônus e bônus), é uma missão do RH moderno. Em suma, o RH tem a incumbência de ajudar os gestores nessa jornada repleta de alta pressão.

A deliberação isolada é um mito do heroísmo, seja dos gestores, seja do RH. Basta recorrermos a uma analogia com o futebol. Imagine-se tendo que gerir profissionais como Romário, Edmundo, Cristiano Ronaldo, Ibraihnovic ou Eric Cantona. Imagine-se tendo que dizer a esses caras o que eles precisam fazer e com quem devem tabelar. Imagine-se tendo que administrar os seus prováveis conflitos pessoais. Notório é que gerir funcionários comuns e medianos, ou até mesmo com baixo desempenho, é relativamente fácil, nunca se comparando com as dificuldades trazidas pelos talentos. E não se trata de geri-los em particular, mas como membros de uma equipe em que os demais atletas são medianos ou, no máximo, bons. A pressão chega ao limite. Agora imagine, por outro lado, que todas essas missões sejam delegadas unicamente ao RH do clube, tendo ele que deliberar heroicamente sobre os talentos. Seria no mínimo bizarro, não? O exagero dessa analogia serve para nos fazer entender que o heroísmo é uma inadequação à administração moderna.

Ao elaborar programas estruturados de retenção, o RH traz à tona outro mito: a crença de que é possível se criar artificialmente um ambiente destituído de qualquer pressão, dominado apenas pelos princípios da felicidade ou das expectativas plenamente atingidas. Pior: comumente se pensa que tal ambiente de felicidade seria a melhor forma de reter talentos. Sustento, ao contrário, que certa dose de pressão, sendo os próprios gestores os administradores da dosagem, é muito mais eficiente do que programas e medidas artificiais de retenção. Na verdade, precisamos entender o seguinte: é justamente uma dose de pressão o que estimula os verdadeiros talentos.

Portanto, precisamos operar simultaneamente em duas frentes interdependentes: pressão organizacional e retenção de talentos. O segredo é fazer isso sem imposições arcaicas, sem transformar os valores e princípios da organização numa ameaça velada aos talentos. Vale lembrar que a definição de talento passa pelo seu potencial de pensar diferente, ousar, criar, alterar para melhor a própria tábua de valores e princípios de uma empresa. Não é verdade que dois ou três craques podem se tornar a mola mestra para que um time de futebol passe a jogar melhor? Por conta da pressão certa, cuja dosagem é transmitida e regulada pelo treinador, os talentos se sentem mais estimulados, motivados e iluminados. Passam a desenvolver em campo novos modos de jogo, novas táticas, novos esquemas, fazendo com que os outros jogadores sejam contaminados pela sua disposição e pelo seu comprometimento. É o que eu chamo de oxigenação do ambiente.

Ao estabelecer e participar das artérias comunicativas entre gestores e talentos, o RH estará fazendo pela empresa mais do que se supõe. É verdade que tal proposta se reveste com certa simplicidade de meios e modos, pouco afeita, portanto, aos malabarismos das engenhosas políticas de retenção exemplificadas agora há pouco. Contudo, ela é muito eficaz em seu desenho pragmático, combinando harmoniosamente pressão organizacional e retenção de talentos. A proposta se baseia, na verdade, em três eixos essenciais, como discorreremos abaixo.

O primeiro deles, e talvez o mais importante, é a cultura da pressão controlada. Dentro da empresa, esse eixo implica, antes de qualquer coisa, a decisão e a comunicação de que naquele ambiente se aceita certa dose de pressão. Não se trata, pois, de promover pressão alta nem de requerer pressão baixa, mas de programar uma dosagem de pressão adequada. É verdade que essa cultura da pressão controlada não se faz do dia para a noite, mas é preciso começar a fomentá-la entre os talentos. Nela, a pressão é uma espécie de desafio constante, mas na medida certa, animando os talentos a permanecerem no time.

Nos anos 1980, diversas organizações começaram a admitir a pressão como um elemento impulsionador de seus negócios. A indústria criativa, por exemplo, comprava essa ideia explicitamente; muitas vezes exagerava, elevando a pressão a níveis insuportáveis, bem superiores aos necessários. Os gestores de algumas agências de publicidade até provocavam a competição entre os pares, o que não raramente resultava em explosões nervosas. De modo geral, a cultura yuppie imperava. Executivos, técnicos e profissionais criativos cultuavam a escalada profissional meteórica, submetendo-se a sistemas agressivos de gestão. Esses ambientes de altíssima pressão, marcados pelo acirramento da chamada guerra dos talentos, não propiciaram condições adequadas para a retenção de talentos.

Nos anos 1990, a cultura da qualidade de vida e o movimento do bem-estar no trabalho ganharam força nas corporações, ambos incensados, na maioria das vezes, pela área de recursos humanos. A tese da conciliação entre vida profissional e vida pessoal passou a operar dentro das organizações como um mecanismo de alívio da pressão. Reduzir os níveis de pressão era a palavra de ordem. Valorizava-se a ideia do profissional integral: feliz no trabalho, feliz na vida. Algumas empresas chegavam a realizar vários encontros de integração interpessoal, convidando tanto os seus funcionários quanto os familiares de seus funcionários. É que a cultura da qualidade de vida compreendia as pessoas como seres necessariamente sistêmicos, enlaçados em sistemas relacionais (colegas de trabalho, amigos, família). Esses ambientes, requerendo sempre baixa pressão, não foram eficientes para a retenção de talentos.

A partir da crise econômica de 2008, com os novos desafios lançados pela revolução digital, os novos arranjos engendrados pelas fusões empresariais bilionárias e as urgências provocadas pela decadência dos velhos modelos de negócio, a pressão retornou ao centro da vida corporativa — aliás, com bastante vigor. Borbulharam por todas as partes sistemas agressivos de metas, cada vez mais intensos, incluindo corte de custos, demissão imediata de funcionários, reestruturação de áreas produtivas etc. Esses ambientes hipertensos soterraram muitas esperanças: vários talentos simplesmente abandonaram as empresas, migrando para projetos estritamente pessoais e autônomos.

Hoje em dia, estamos vivendo um momento decisivo. Precisamos alumiar as nossas necessidades e as nossas possibilidades — definir, enfim, os rumos que desejamos. Estou certa de que, dentro das empresas, o ambiente da pressão controlada será a regra geral para conseguirmos a permanência dos melhores profissionais. Nisso, repito, os gestores têm o papel fundamental de controlar a dosagem da pressão, podendo sempre contar com as ferramentas disponibilizadas pelo RH.

O segundo eixo é a cultura da pressão pragmática. Trata-se da amarração do salário variável do gestor à sua capacidade de atrair e reter talentos. Aqui, aliás, lembremos, antes de tudo, de uma coisa: a pressão é remédio quando ocorre de forma equilibrada, dinamizando ou vitalizando as ações.

A retenção de talentos é, em primeira instância, uma tarefa do gestor, como já dissemos. Mas, além de regular a dose da pressão no ambiente, ele tem outras responsabilidades. Por exemplo, ele deve ser objetivamente cobrado pela competência de remunerar corretamente os membros de sua equipe. O gestor pode contar com todo o suporte do RH e das políticas de remuneração da companhia, mas as decisões cabem somente a ele: quem promover, quantos promover, como promover, quem demitir, quem contratar, quem treinar.

Por outro lado, em qualquer lugar do mundo desenvolvido, a atração de talentos tem se tornado uma responsabilidade do gestor. No novo mundo dos negócios, a ideia proeminente é a seguinte: delegar cada vez menos a busca de talentos às consultorias de hunting juvenil e aos empolados programas de trainee gerencial para alinhavá-la cada vez mais com o *networking* do gestor.

A cultura da pressão pragmática tem assim um propósito bem definido: converter os comportamentos de atração e retenção em gatilhos de remuneração. Ao enfrentar diariamente os desafios que lhe são impostos, o gestor responde adequadamente ao exercício da liderança, definindo também o seu bônus.

O terceiro eixo é a cultura da pressão comunicacional. Esse eixo fecha o círculo virtuoso da retenção de talentos, estabelecendo o princípio da divergência na comunicação interpessoal. A divergência, essa forma de pressão entre interlocutores, deve sempre encontrar espaço dentro das corporações desde que se caracterize como uma discordância franca e propositiva. Divergir significa discordar de alguma causa ou projeto. Aquele que diverge argumenta, procurando desconstruir logicamente os argumentos que defendem causas ou projetos distintos. Têm-se, desse modo, uma troca produtiva de diferentes raciocínios. Ganha o negócio.

Essa cultura da pressão comunicacional é indispensável para a retenção de talentos, pois todo profissional talentoso deseja encontrar espaço para divergir com franqueza e objetividade, o que envolve nunca ser calado pelo cinismo. Estou aludindo àquele conhecido comportamento de as pessoas assentirem positivamente quando estão na frente dos outros e, por trás, nos corredores ou nas máquinas de café, comportarem-se como sorrateiros agentes de horrorosas detrações.

Num ambiente aberto às divergências propositivas, os talentos podem dizer o que pensam. Eles então se convencem de que fazem parte do negócio — e permanecem a postos. Nisso, o papel principal pertence à liderança, que tem a responsabilidade de fomentar relações transparentes e éticas sem anuviar as potencialidades das divergências. Agora o RH encontra uma extraordinária oportunidade de ser estratégico dentro da corporação: em parceria com o gestor, ele dissemina a cultura da divergência sadia em oposição à prática da subserviência e dos perversos jogos corporativos.

16
O RH ESTRATÉGICO

A cena não poderia ser mais tensa. Definitivamente, aquela não era apenas mais uma reunião rotineira. Os nervos de todos os integrantes do comitê executivo estavam à flor da pele. E não poderia ser diferente. A curva do faturamento do principal cliente da empresa vinha numa decrescente devastadora. Era iminente a ameaça de perderem esse cliente, que fora tão difícil e custoso conquistar.

Todos a postos, o presidente entra na sala, cumprimenta laconicamente os vice-presidentes e demais diretores, num total de oito executivos — um deles, o diretor de recursos humanos.

Segue um festival de argumentos e contra-argumentos, expiação de culpa e lavagem de roupa suja. Mas, aos poucos, em meio ao conjunto de más notícias, começam a aparecer os apontamentos estratégicos. Por duas horas ininterruptas, um rosário de medidas drásticas, entre elas dezenas de demissões, começa a ser elencado.

A falta de oxigênio era visível. Aquela sala era o simulacro perfeito de uma cabine em processo de despressurização. E não havia nenhum indício de que máscaras de oxigênio estavam por cair.

Se ainda não havia chegado a um bom plano de ação, a liderança reunida buscava sair daquela sala ao menos com um pacto estabelecido. Iam nesse sentido, aliás, as contribuições que cada um dos participantes apresentava, ancoradas todas elas num festival de números e métricas, visando traçar a estratégia da empresa diante do cenário sombrio. Em meio a todo esse contexto de nervos à flor da pele, eis que o representante do RH se levanta e, com a voz trêmula e um óbvio semblante de inadequação, diz:

— Precisamos fazer uma pesquisa de clima e capacitar a liderança para enfrentar os novos desafios, além de investir mais na disseminação dos valores da organização.

O presidente da empresa, nitidamente irritado, vira-se para o vice-presidente de finanças e diz baixinho:

— Mas esse cara continua abraçando árvore? Não deveria estar preocupado com a quantidade de desligamentos que terá de fazer a partir do momento em que sair daqui? Nessa altura do campeonato, que história é essa de pesquisa de clima?

Claro, o presidente estava coberto de razão. Pesquisa de clima e capacitação de liderança são ferramentas importantes para o RH e para o negócio, mas os seus efeitos são de médio e longo prazos. O que estava em jogo naquele momento era a pressão de curto prazo. Esperava-se da área de recursos humanos um senso de urgência e de pragmatismo. A fala de seu diretor, em sua avidez desavisada, acabou soando como "viagem".

Assim tem sido com frequência. Diante de diferentes problemas, a área de recursos humanos insiste com a imperdoável tendência de abrir a mesma caixinha de soluções prontas. Além de não resolverem os problemas em foco, essas soluções acabam contribuindo para a manutenção de sua imagem como uma área voltada delirantemente para o próprio umbigo, isto é, para a manutenção daquele estigma do RH como sendo a turma que abraça árvore.

Para quem não sabe, a expressão "abraçadores de árvores" ficou famosa na virada dos anos 1970 para 1980, quando ambientalistas e artistas ligados ao movimento verde se agarravam às árvores com o propósito de impedir que elas fossem devastadas pelas motosserras.

Nos Estados Unidos e no Brasil, alguns programas de gestão e liderança e motivação para a área comercial, normalmente desenhados ou contratados pela área de recursos humanos, propunham como dinâmica de integração de uns com os outros e com a natureza curiosas sessões de abraço coletivo aos troncos das árvores.

Evidentemente, isso não era uma prática comum nos RHs. Mas o fato de ela ter sido utilizada algumas vezes foi suficiente para que se transformasse numa espécie de lenda urbana das corporações contemporâneas. Até hoje, dentro das empresas, não são poucos os profissionais que fazem certo bullying com o pessoal do RH, ridicularizando as suas iniciativas e questionando até mesmo a sua necessidade na estrutura da organização.

O caso da reunião descrita acima, que evoca, sem dúvida, um ambiente de alta pressão, é fictício. Mas, com a variação de uma ou outra particularidade, o aspecto fundamental que o constitui certamente se manifesta em grande parte nas organizações brasileiras. Há de fato uma tendência da área de recursos humanos de não enxergar o problema com a gravidade real que ele tem.

Ao longo dos últimos anos, venho procurando entender o modo como o RH se comporta em momentos de alta pressão. E é possível afirmar que, por mais que tenha havido uma evolução, ainda predomina de certo modo a cultura de abraçar árvores, sendo a principal característica dessa cultura uma nítida preocupação com o próprio umbigo, em detrimento do negócio.

No RH, ainda se fala muito o "rhzês", quando a língua deveria ser a do negócio. Estamos em crise? Vamos aplicar a pesquisa de clima. Estamos quase perdendo o principal cliente? Vamos capacitar a liderança.

Assim, o RH acaba exagerando ao tentar curar todas as doenças com a mesma receita. Basta ele detectar uma pequena pressão no clima da alta direção para propor um team building, aquele encontro de imersão off-site, no qual se coloca o top team da empresa (CEO e seus diretos) em reflexões e interações, com objetivo de aliviar a tensão e promover um alinhamento. O mesmo acontece nos encontros executivos, com todo o corpo gerencial, para compartilhar diretrizes, resultados e informações estratégicas, buscando alinhamento ou "colocar todo mundo na mesma página".

Recorrer a pesquisas de clima extemporâneas para em seguida formular um plano de ação costuma ser um suposto antídoto contra a pressão. Tudo isso sem mencionar as fortunas gastas em coaching de equipes e em coaching individual, além de sessões de terapia tradicional ou exótica. É nessa hora que o estigma de abraçadores de árvores ressurge com força total.

Evidentemente, essas ferramentas e metodologias não são em si mesmas desprezíveis ou pasteurizáveis. O problema, repito, é o uso indiscriminado que fazemos delas. A ideia de construção de time num *off-site* costuma ignorar o fato de que uma boa equipe se constrói no dia a dia, ao longo do tempo — muitas vezes, ao longo de muito tempo.

Ora, não estou dizendo que devemos jogar fora os livros e as cartilhas sobre engajamento, liderança e gestão de pessoas. Quero apenas chamar a atenção para o seguinte: ao lançar mão sempre das mesmas ferramentas, o RH demonstra certa carência de repertório.

Ferramentas tradicionais de RH são importantes. Melhor ainda quando são usadas no timing correto, não se tornando desperdício de tempo e dinheiro. Contudo, o uso contínuo de ferramentas prontas coloca o RH num limitado registro funcional, burocrático e defensivo, ignorando que os momentos de alta pressão exigem proatividade, isto é, ataque e contra-ataque.

Sabemos que a área de recursos humanos adquiriu, ao longo da história recente das corporações, o rótulo de ter apenas uma função de apoio. Resultado da evolução do velho e famoso departamento pessoal (conceito que surge dentro das empresas nos anos 1930, com a política trabalhista de Getúlio Vargas), o RH, também por isso, acabou adquirindo certo complexo de vira-lata. A sua insistência em contratar basicamente profissionais de psicologia, a sua proximidade com linguagens subjetivas e o seu flerte com o assistencialismo têm retardado a consolidação de seus profissionais como executivos no sentido forte do termo.

A boa notícia, como demonstram diversas pesquisas recentes, é que o RH está mudando para melhor. Uma dessas pesquisas é o relatório *Creating People Advantage – How to Set Up Great HR Functions*, produzido em 2014/2015 pela BCG — *Boston Consulting Group*. Ao analisar a excelência do RH na vida real, o relatório conclui que o verdadeiro RH estratégico é aquele que está preocupado e preparado para lidar com dez tópicos fundamentais: 1) Gestão de talentos e liderança; 2) Engajamento, comportamento e gestão da cultura; 3) Estratégia de recursos humanos, planejamento e análise; 4) Gestão de desempenho e reconhecimento; 5) Recrutamento, *branding*, contratação e programas de integração; 6) Comunicação de RH, mídias e redes sociais; 7) Treinamento e desenvolvimento de pessoas; 8) Modelo de gestão de RH (*HR target* e *operating model*); 9) Diversidade e gestão de conflitos geracionais; 10) Gestão de custos trabalhistas.

O RH está mudando e ganhando cada vez mais responsabilidades decisivas. A mudança se deve, em grande parte, à tremenda pressão que a área vem sofrendo para se posicionar melhor no atual contexto dos negócios pós-revolução digital.

A realidade de recursos humanos começou a mudar a partir dos anos 1980 com o acirramento da chamada guerra dos talentos. Foi nesse contexto que os profissionais de recursos humanos passaram a frequentar com mais assiduidade as reuniões do board das organizações, começando a ostentar o status de função estratégica. Desse modo, ser estratégico significava recrutar, selecionar e contratar de forma eficiente, para que o negócio pudesse ser competitivo de acordo com os novos patamares trazidos com a globalização.

Na virada dos anos 1990 para os anos 2000, quando, aliás, eu comecei a flertar com a ideia de me tornar uma profissional de RH, já era possível observar, além da guerra dos talentos, transformações que demandavam um pensamento estratégico por parte da área de recursos humanos. Por exemplo, a revolução da tecnologia da informação (e a estruturação dessa área dentro das organizações) fez com que o RH passasse a ter de lidar com sistemas integrados de gestão, incluindo as redes sociais.

Outro fenômeno que demandou uma superior interseção do RH com o negócio, exigindo ainda mais dele como área estratégica, foi a agenda ecológica, que rapidamente evoluiu para a questão da sustentabilidade e, depois, para o desafio da diversidade. Aos poucos, o RH teve que dar conta de questões complexas, como a relação entre a competitividade do produto e a mão de obra que o engendra. Um produto feito por mulheres mal remuneradas e sem creche para deixarem os seus filhos perde a força no mercado. Uma liderança que envelhece o espírito e perde o contato com a linha de frente da inovação inviabiliza o negócio, mesmo que este seja tradicional e sólido.

Não bastasse tudo isso, devemos somar na conta do RH estratégico a formulação de políticas de remuneração, que devem ir muito além do salário nominal, como tipos de compensação que vão da qualidade de vida ao salário afetivo. E há também o desafio de formular e gerir códigos de conduta e ética, que passaram a ser obrigatórios na evolução de qualquer organização.

Em suma, o RH estratégico só o é se ele for capaz de operar a partir das chamadas matrizes de materialidade. Estas nada mais são que a responsabilidade de dar conta do cruzamento entre aquilo que é relevante para o negócio e para os stakeholders (acionistas, funcionários, fornecedores e sociedade de um modo geral).

É fácil notar que estamos diante de perspectivas muitíssimo abrangentes, de desafios resistentes àquela caixinha de soluções prontas — conforme sacada, no início deste capítulo, pelo nosso anti-herói fictício, num momento de altíssima pressão.

Todos esses atributos, que conferem ao RH o selo de área estratégica, redundam na capacidade que a área tem de ajudar o negócio a alocar os seus recursos no lugar certo, no momento certo, no projeto certo. Em outras palavras, as tarefas atuais requerem muito mais do que uma simples gestão de pessoas. Para alocar o talento certo no projeto certo é necessário conhecer profundamente tanto o talento quanto o projeto. E, diga-se de passagem, não basta colocar o líder certo no lugar certo pensando apenas no presente. Há todo um panorama de objetivações futuras que precisa ser considerado.

Por um lado, todas as posições de liderança passam a exercer mais eficazmente o seu papel de gerenciar pessoas. Todo gestor, seja ele do setor criativo, financeiro ou até mesmo da engenharia, é também um gestor de pessoas. Talvez este seja o principal desafio do chamado RH estratégico: inculcar a competência de gerir pessoas na mentalidade dos gestores, dado que não raramente eles são resistentes a isso. Por outro lado, o RH precisa ter planos de sucessão pensados em todas as dimensões, cargos e níveis. E o mais difícil: precisa ajudar os próprios gestores a lidarem com a pressão causada pelo fato de que um dia eles mesmos serão substituídos, isto é, precisarão ter pessoas prontas para ocuparem os seus lugares.

Ser estratégico significa, enfim, ser de alta performance, de alto resultado, falar a língua do negócio. E o que significa falar a língua do negócio? Significa principalmente estar junto dele na hora de estabelecer prioridades em função dos resultados. Ora, se abraçar árvores ou recorrer a soluções prontas impacta demonstrativa e positivamente toda a matriz de materialidade, faz-se correta e necessária tal ação. Caso contrário, ela deve ser esquecida e jamais levada a uma reunião de alta pressão.

17
ÁGUIAS NÃO CAÇAM MOSCAS

Na busca para se afirmar como uma área estratégica, o RH tem muito a aprender com a águia. Segundo um provérbio judaico, essa bela ave de rapina não caça moscas. Isso quer dizer que a águia, com a sua imponente plumagem negra, não perde tempo com coisas insignificantes ou miúdas: ela só vai atrás de presas grandes, aquelas que se convertem em resultados bem concretos.

A águia é diurna, age sempre à luz do dia, e é conhecida pela agudeza do seu olhar. Tem sempre um propósito definido, mesmo quando, estando sobre o mar, parece apenas pairar por cima da planície azul. Seu voo cinematográfico é executado com vistas a fisgar um peixe grande com um golpe rápido, surpreendente e certeiro. Do alto do céu, ela estabelece repentinamente um plano de voo rasante e, parecendo que vai mergulhar até o fundo da água, dá um bote na superfície. Com as suas unhas afiadas, que funcionam como vigorosas garras, ela apanha o peixe. Depois, arremetendo-se ao ar novamente, ergue a presa como se fosse um troféu, consciente de que tem sob o seu domínio uma boa refeição.

Nota-se que a sequência toda envolvendo a ação da águia é pautada mais ou menos por três elementos fundamentais, que geralmente caracterizam o sucesso de qualquer empreitada: primeiro, o conhecimento exato do que se quer, do que se busca (objetividade); depois, a mensuração da distância, da localização e das coordenadas do que se busca, delimitando o alvo claramente (clareza de metas); por fim, o foco no planejamento, associado a uma formidável capacidade de execução (competência empreendedora).

O que caracteriza a postura imponente e autoconfiante da águia parece faltar aos times de recursos humanos. Muitas vezes o RH se notabiliza por praticar a caça às moscas. Devido em parte ao seu complexo de vira-lata, ele perde muito tempo olhando para o próprio umbigo: horas e horas imerso em sua crise existencial crônica. Perde muito tempo discutindo a sua função dentro do atual modelo de organização, seja por meio de reuniões corriqueiras, seja por meio de discussões mais extensas e elaboradas.

"Qual é o papel do RH?" "Qual é o nosso papel dentro do atual contexto?" Quantas vezes já ouvi essas perguntas em reuniões que, pelo menos inicialmente, tinham apenas o objetivo bem palpável e urgente de redefinir os fornecedores externos de recrutamento e seleção!

O mais preocupante são as respostas que vêm à mesa quando essa crise existencial se manifesta. Por exemplo, já ouvi coisas do tipo "a função do RH é auxiliar a instituição a adotar a filosofia da inclusão social". Ora, tal filosofia da inclusão social pode até ser uma causa nobre, muito importante, mas certamente não constitui o papel da área de recursos humanos numa empresa contemporânea.

No cotidiano, uma insegurança infantil acomete muitos profissionais de recursos humanos. Agregam sempre muita gente como "cópia" nos e-mails que disparam — até mesmo pessoas que, pelo menos a princípio, não têm o mínimo envolvimento direto com o assunto. Outros tipos de insegurança também são comuns nesses profissionais. Por exemplo, eles se notabilizam pela seguinte vontade obsessiva: estar envolvido. Querem participar de tudo, de todas as reuniões, de todos os projetos, ainda que não tenham nada relevante para acrescentar. Noto esses olhares voltados às moscas com certa frequência.

Se fosse como uma águia, o RH muito provavelmente definiria o seu papel estratégico como sendo o de fazer bem feito o que é necessário — com objetividade, clareza de metas e competência empreendedora. Eis o que, não sem as devidas parcerias, é necessário ele fazer: contratar os talentos, estruturá-los em times eficientes, recompensá-los digna e competitivamente, treiná-los bem, de modo que, num momento oportuno, possam assumir novas posições.

Portanto, não é pouco o que o RH tem para entregar. Se ele ficar caçando moscas, não fisgará o grande peixe. Nada contra as moscas, é claro. Elas até podem ser bem apetitosas para algumas espécies de pássaro. Mas não são suficientes para a refeição adequada de uma ave robusta.

Em outras palavras, o RH que não contribui para os resultados não tem mais lugar no mundo dos negócios. É verdade que a administração brasileira já ostenta inúmeros casos daquele RH que é verdadeiramente estratégico. Porém, ainda impera o RH de baixo resultado, encantado pelas moscas.

Podemos até dizer que o RH evoluiu de "abraçadores de árvores" para "caçadores de moscas". Se a postura dos abraçadores de árvores era vista como ingênua e romântica, distante da realidade da empresa, a atitude dos caçadores de moscas pelo menos revela certa disposição para a ação, para a proatividade. O que está errado é o alvo: pequenas moscas, em vez de grandes peixes.

Certamente o RH precisa de uma transformação, de uma renovação. E, para isso, pode se inspirar numa fábula que conta uma suposta façanha das águias. Essa fábula extraordinária já é um clássico da literatura de autoajuda empresarial.

Diz a fábula que a águia, depois dos quarenta anos, encontra-se com bico, unhas e asas completamente degenerados. Vendo-se nessa situação, a bela e suntuosa ave se recolhe no alto de uma longínqua montanha. Começa a bater o seu bico violentamente contra as rochas. Faz isso com tanta intensidade, que o bico acaba caindo. Passado algum tempo, nasce um novo bico, forte e vigoroso. A águia arranca então as velhas unhas, para que novas unhas cresçam em seu lugar. E depois se depena, para possibilitar nas asas o mesmo tipo de novidade. Evidentemente, esse processo todo é muito doloroso, requerendo a qualidade de ela saber suportar muita pressão. Mas, enfim, renovando-se inteiramente, ela passa a viver por mais quarenta anos.

A fábula da águia é apropriada como um conjunto de metáforas: a pressão da degeneração (bico, unhas, asas), a pressão do isolamento (alto da montanha), a pressão do sofrimento (automutilação). Em sentido decisivo, tudo implica muita coragem, até que ocorra a mais completa renovação.

BIBLIOGRAFIA

ANDERSON, Robert J.; ADAMS, Willian A. *Mastering Leadership*. New York: Wiley, 2015.

BERG, Ernesto. *O livro das relações humanas*. Curitiba: Juruá, 2014.

BRIDGES, Williams. *Um mundo sem empregos*. São Paulo: M. Books, 1995.

GIANNETTI, Eduardo. *Auto-engano*. São Paulo: Companhia das Letras, 2004.

GROVE, Andrew S. *Só os paranóicos sobrevivem.* São Paulo: Futura, 1997.

HEIFETZ, Ronald A. e LINDSKY, Marty. *Liderança no fio da navalha.* São Paulo: Campus, 2002.

HEMINGWAY, Ernest. *O velho e o mar.* São Paulo: Bertrand Brasil, 2005.

HONORÉ, Carl. *Sob pressão: criança nenhuma merece superpais.* São Paulo: Record, 2009.

HOVERD, Bruce. *Sob pressão.* São Paulo: Editora Gente, 2015.

NIETZSCHE, Friedrich. *Ecce Homo.* São Paulo: Companhia das Letras, 2008.

RIFKIN, Jeremy. *O fim dos empregos.* São Paulo: M. Books, 2004.

SMULLEN, William. *O queridinho do chefe.* São Paulo: Editora Gente, 2015.

PUBLISHER
Kaíke Nanne

EDITORA EXECUTIVA
Carolina Chagas

EDITORA DE AQUISIÇÃO
Renata Sturm

COORDENAÇÃO DE PRODUÇÃO
Thalita Aragão Ramalho

PRODUÇÃO EDITORIAL
Isis Batista Pinto

PREPARAÇÃO DE ORIGINAIS
Flavia de Lavor

REVISÃO
Daniel Siqueira
Lara Gouvêa

DIAGRAMAÇÃO
Filigrana

CAPA
Tabaruba Design

Este livro foi composto em Impressum 11/13 e
impresso pela Edigráfica sobre avena 80g/m²
para a HarperCollins Brasil em 2016.